AF860145

LE TRADER ET LA MÉNAGÈRE

© Éditions First, 2009

ISBN : 978-2-7540-1142-6
Dépôt légal : 1er trimestre 2009

Toute représentation ou reproduction intégrale ou partielle faite par quelque procédé que ce soit, sans le consentement de l'auteur ou de ses ayants cause est illicite et constitue une contrefaçon sanctionnée par les articles L.335-2 et suivants du Code de la propriété intellectuelle.

Ouvrage dirigé par Benjamin Arranger
Mise en page : ReskatoЯ

Imprimé en France

Nous nous efforçons de publier des ouvrages qui correspondent à vos attentes et votre satisfaction est pour nous une priorité. Alors, n'hésitez pas à nous faire part de vos commentaires :

Éditions First
60, rue Mazarine
75006 Paris – France
Tél. : 01 45 49 60 00
Fax : 01 45 49 60 01
E-mail : firstinfo@efirst.com

En avant-première, nos prochaines parutions, des résumés de tous les ouvrages du catalogue. Dialoguez en toute liberté avec nos auteurs et nos éditeurs. Tout cela et bien plus sur Internet à www.editionsfirst.fr.

MICHEL MUSOLINO

LE TRADER ET LA MÉNAGÈRE

Enquête sur l'hypercapitalisme

FIRST
Editions

Sommaire

Introduction

> « Ce qui paraissait un jour être la fin se révélait le lendemain n'avoir été que le commencement. »
>
> John Kenneth Galbraith, *La Crise économique de 1929*

Chaque jour apporte une nouvelle preuve dramatique des dérapages du capitalisme financier. La crise des subprimes a précipité des institutions bancaires vers la faillite et a mis l'ensemble du système économique mondial au bord de la déroute. Comme aux plus sombres jours de 1929, on est passé d'une crise financière à une crise du crédit pour finir dans la récession généralisée. Un jour, on apprend que la Société générale essuie une perte de 5 milliards d'euros par la faute d'un trader de 31 ans. Un autre, qu'un ex-dirigeant du Nasdaq a monté une fraude de 50 milliards de dollars. Un jour, c'est la flambée des prix du pétrole et des matières premières. Un autre, leur chute vertigineuse. Pendant ce temps, les mises au chômage technique et les licenciements se multiplient.

Ce livre raconte l'histoire de millions d'hommes et de femmes confrontés à un système économique planétaire, qu'ils ne vivent généralement que dans l'incompréhension et la peur. Or, derrière ce qui semble être un simple dysfonctionnement passager du système, se cachent en réalité les traits saillants de l'*hypercapitalisme*. En d'autres termes, le capitalisme poussé à son paroxysme, faisant la part belle à la finance, aux échanges et à la communication aux dépens de la production, tel que nous venons de le voir éclater sous l'impulsion de forces qu'il a lui-même déchaînées.

Les temps sont déjà loin où Nicolas Sarkozy, qui s'était présenté comme « le président du pouvoir d'achat », après avoir constaté que « les caisses de l'État étaient vides », avait dans sa quête permanente de réformes chargé deux prix Nobel d'économie de réfléchir sur le problème du « chiffrage qualitatif » de ce qu'on appelle toujours, à défaut de mieux, le produit national brut ou PNB.

Pour fortuit ou opportuniste qu'il paraisse, le rapprochement de ces deux problèmes (le coût de la vie et la qualité de vie) n'est pas inintéressant. Ainsi, à la préoccupation, on ne peut plus terre à terre et de plus en plus pressante, du coût de la vie, doit s'ajouter une réflexion désormais inévitable sur la nature de la croissance, sur notre mode de vie et sur l'état de la planète, résultat de la course à l'abondance à portée de tous. Des questions essentielles qui méritent des réponses claires, loin du fatras médiatique et théorique.

Lorsqu'une injustice se produit, on crie en chœur : « Que fait la police ? » Compte tenu de l'état déplorable de la situation économique, on pourrait légitimement s'écrier : « Que font les économistes ? »

La honte des économistes

Les économistes n'ont pas bonne réputation. Ce n'est pas la crise qui va leur en faire une meilleure. Pourtant, si l'on a besoin de l'économie, c'est maintenant, bien que la méfiance qu'elle inspire soit plus que jamais légitime.

L'information économique est omniprésente, envahissante même. Les médias sont les vecteurs d'un pilonnage incessant. Les mouvements erratiques du CAC 40 ou du prix du baril de pétrole sont suivis avec application par chaque édition de journal télévisé. Un incessant feuilleton d'« économie-réalité » envahit nos écrans, qui met inlassablement en scène les grandes catastrophes financières ou les mises en chômage technique devenues quotidiennes. Les Français ne manquent pas d'information économique, ils en sont abreuvés.

Le problème, c'est ce qu'on fait, et ce qu'on peut faire de cette information. Ce problème a un nom : le lieu commun, la « tarte à la crème ». Les vérités toutes faites, les évidences trompeuses. Les mensonges éhontés. Pour interpréter l'information déferlante, le bon citoyen ne dispose que de ces débris de savoir économique. Qu'ils viennent de l'école, de journalistes vulgarisateurs ou de politiciens en campagne, ces rudiments sont non des repères mais de véritables écueils sur lesquels se brise l'intelligence de l'économie.

Car les leçons d'économie en France commencent souvent par des insultes proférées à l'égard des Français. La France est « un pays où la culture économique est proche de zéro», peut écrire Yves de Kerdrel[1]. «Une population majoritairement récalcitrante à toute pédagogie économique», pour Daniel Fortin[2]. La pédagogie à laquelle les Français sont soumis depuis quelque temps est celle résumée par l'inénarrable Jacques Marseille : «Il ne faut pas hésiter à faire une politique libérale en expliquant que c'est la seule possible aujourd'hui[3].»

Le problème s'est aggravé ces derniers temps, d'autant plus que les économistes, qui ont toujours pris le risque de dénoncer la nullité d'autrui, doivent désormais avoir la certitude que cette dénonciation ne s'applique à personne mieux qu'à eux-mêmes. L'incompétence des économistes a atteint avec la crise des sommets. L'immense majorité n'a rien vu venir. Les quelques-uns qui ont tiré la sonnette d'alarme ont été ignorés. Nous-même, nous écrivions en 1997 : « [une] fin de siècle, commencée sur la ruine des illusions keynésiennes et menant inéluctablement à la ruine provoquée par les illusions libérales[4] ». N'est-il pas plaisant de voir ceux-là mêmes qui, hier, encensaient le marché et le modèle américain, se dresser sur les pattes de derrière pour pester contre la folie de la finance, l'irresponsabilité des banques et les excès du capitalisme financier? Ce sont les mêmes qui, hier, criaient que «trop d'impôt tue l'impôt», se félicitent aujourd'hui de l'empressement avec lequel

1. Yves de Kerdrel, in *Le Figaro*, 26 novembre 2008.
2. Daniel Fortin, in *Les Échos*, 22 août 2008.
3. Jacques Marseille, interview au *Journal du Net Management*, 26 octobre 2005.
4. Michel Musolino, *L'Imposture économique*, Textuel, 1997, p. 62.

l'argent public est mis au service des entreprises privées au bord de la faillite.

Il est temps d'étriller les économistes, ainsi que ceux qui les écoutent et ceux pour qui ils parlent, hommes d'affaires et hommes politiques ; il est temps de les tirer de leur sommeil halluciné et de les ramener sur terre, en leur tirant les oreilles si c'est nécessaire. Il est temps surtout de mettre à contribution l'intelligence économique de chacun, de participer à l'impérative compréhension des événements qui bouleversent le monde. Car l'économie est plus que jamais l'affaire de tous, non de quelques experts méprisants.

L'hypercapitalisme

Après la grande crise de l'automne 2008, chacun s'est empressé d'enterrer un système qu'on ne s'était guère donné la peine d'analyser dans toute sa profondeur et encore moins dans toute sa complexité. La rapidité des cérémonies d'adieu n'a d'égale que la vitesse avec laquelle on en avait accepté les dogmes. Il est malheureusement à craindre que le décès ne soit qu'apparent. Et que la confusion règne, après comme avant.

Pour mieux comprendre de quoi on parle, essayons d'appeler un chat, un chat.

Nos économistes n'ont cessé de nous donner des leçons d'« économie de marché ». Galbraith, quelque temps avant de rendre l'âme, a écrit ces lignes : « Quand le *capitalisme*, avec son signifiant historique, a cessé d'être acceptable, on l'a rebaptisé [...] C'est ainsi qu'est apparue, dans la langue un peu savante, la formule *économie de marché.* Elle n'avait aucun passif historique, et d'ailleurs pas d'histoire du tout. Il eût été difficile, en fait, de trouver un nom plus vide de sens, et ce fut l'une des raisons de ce choix[5]. »

Voilà sur quoi se fonde notre prétention à comprendre le monde dans lequel nous vivons. Économistes, hommes politiques et journalistes ont pris l'habitude d'appeler notre système économique « économie de marché ». Le mot « capitalisme », sans doute encore pollué par quelque souvenir des critiques qu'on lui a apportées, est mis sur la touche. Parfois on l'utilise, distraitement, comme équivalent d'économie de marché. Il s'agit là moins d'un manque de rigueur que d'une confusion rédhibitoire. Heureusement, des représentants d'autres sciences humaines, probablement plus frivoles, ont soulevé ce problème, et ont proposé des réponses autrement plus pertinentes.

Fernand Braudel, un des plus brillants historiens de l'école française, a nettement différencié « économie de marché » et « capitalisme ». Le marché c'est l'échange équitable, « les yeux dans les yeux, la main dans la main ». Il se fixe des règles et recherche la transparence. Le capitalisme c'est le règne des intermédiaires qui, s'interposant entre vendeurs et acheteurs avec leur puissance monétaire, imposent un échange « le couteau sous la gorge ». Le capitalisme fuit la transparence et a horreur des règles. En un mot comme en cent, le capitalisme c'est « l'antimarché ».

---

5. John Kenneth Galbraith, *Les Mensonges de l'économie,* Grasset & Fasquelle, 2004.

L'hypercapitalisme est le produit de la métamorphose qu'a connue notre système à l'occasion de la grande crise du dernier quart du XXe siècle ; celle que l'on fait commencer, par commodité, avec le choc pétrolier de 1973. Cette métamorphose a permis la renaissance d'un système qui prenait l'eau de toute part.

Trois axes ont structuré cette mutation.

• **La dématérialisation.** La production porte désormais essentiellement sur des biens immatériels. L'abondance de biens physiques ne doit pas cacher leur part décroissante dans la production de richesses. L'industrie suit désormais la voie tracée par l'agriculture : de moins en moins d'actifs mais des productions de plus en plus massives. Les services, qui représentent les trois quarts des emplois, se partagent entre deux grandes tâches : la valorisation des biens physiques (recherche, communication) et la vente directe de temps de travail (services aux personnes, conseil, éducation, santé).

Parallèlement, la sphère financière a connu un développement hyperbolique tout en se rendant de plus en plus autonome par rapport au reste de l'économie. Le pays où ce phénomène est le plus visible est le Royaume-Uni où la City crée plus de richesses que l'ensemble de l'industrie.

L'argent, par le jeu de la Bourse, des marchés monétaires et des changes, et des nouveaux marchés dérivés, crée directement de l'argent. Cette excroissance de la finance a été voulue et provoquée par la révolution des années quatre-vingt lorsque, sur le modèle de Margaret Thatcher et Ronald Reagan, les États du monde entier ont déréglementé les marchés. Il s'en est suivi le « big bang » des Bourses et de la finance qui a provoqué deux décennies de soubresauts et de désordres.

• **L'unification.** La dynamique du capitalisme depuis ses origines est ancrée dans le double phénomène d'extension et de fluidification des échanges. La mondialisation est l'aboutissement de ce processus. Une illusion se cache derrière ce mécanisme de globalisation : ce qui est présenté comme l'inévitable spécialisation progressive des économies est en réalité le processus d'extension de la domination du capital. Ce n'est pas la nécessaire spécialisation qui structure le partage du travail au niveau mondial, mais les impératifs changeants de la rentabilité des entreprises. Ainsi, le cadre de l'État qui a permis le développement extraordinaire des deux derniers siècles se trouve désormais dépassé par un capitalisme à l'extension supranationale. Après avoir servi le marché, en permettant son unification, l'État est maintenant devenu un obstacle à son extension.

• **La radicalisation.** La baisse du pouvoir d'achat ou ce qu'on nomme pudiquement la « montée des inégalités » est la pointe visible de l'iceberg de la radicalisation du capitalisme contemporain. Après sa réhabilitation morale, technique et politique des années quatre-vingt (opérée en grande partie par la gauche en France), ce système s'est installé dans un triomphe sans modestie. Les économistes libéraux, hommes d'affaires, hommes politiques et journalistes obséquieux se sont transformés en donneurs de leçons, à défaut de donner le bon exemple.

Principale victime de cette victoire, le travail en est réduit à se faire de plus en plus « servile » pour survivre. L'éclatement du travail, sa dévalorisation, dans les formes où il n'est pas incontournable, est la principale victoire du capital.

Il résulte de cette évolution une situation dont ce livre veut rendre compte.

Les sociétés capitalistes actuelles sont caractérisées par une scission qui a donné naissance à deux mondes (pourtant totalement interdépendants) qui se côtoient sans se connaître, qui vivent comme si l'autre n'existait pas. Un système schizophrène.

D'un côté, le monde du trader est celui de la finance, de la communication, du commerce. C'est le monde de la dépense effrénée, mais aussi de la cupidité et de l'arrivisme, d'un individualisme sûr de lui-même, jouisseur et méprisant.

De l'autre, le monde de la ménagère, sur lequel pèse inévitablement le fardeau des mutations, des sacrifices, des incertitudes, de l'incompréhension. C'est le monde des salariés, employés et ouvriers, des jeunes à la recherche d'un avenir. C'est le monde de nouvelles formes de consommation, du *low cost* et du *hard discount*, des fins de mois difficiles et de la débrouille érigée en mode de vie.

Cette dichotomie est, bien sûr, caricaturale. Mais le monde lui-même est devenu une caricature. Les chiffres, têtus, le montrent et l'illustrent abondamment.

Hier, l'un prospérait, l'autre faisait des sacrifices ; aujourd'hui, pour éviter que les folies de l'un ne provoquent la ruine commune, on redemande aux mêmes de se serrer, un peu plus, la ceinture. L'État qui était présenté comme un ogre fiscal insatiable devient le sauveur suprême.

On aurait tort pourtant de prolonger l'inévitable litanie du bourreau et de la victime. Car, dans cet état de fait, la victime est loin d'être innocente.

La « double pensée »

La schizophrénie de l'hypercapitalisme est aussi la schizophrénie de son idéologie, proche de la « double pensée » (*double think*) que George Orwell expose dans *1984* où tout est vrai, y compris son contraire. Ainsi George W. Bush peut affirmer sans rire qu'il a abandonné les principes de l'économie de marché pour sauver l'économie de marché. Et Jacques Marseille que « la solidarité dont on nous rebat les oreilles est en fait un insidieux mécanisme de transfert des plus modestes vers les plus privilégiés[6] ».

La « double pensée » est essentielle pour comprendre les aberrations du monde actuel. C'est un jeu permanent de miroirs déformants où la « réforme » est un retour en arrière, et les « conservateurs » les héritiers de deux siècles de progrès ; où l'écologie et le massacre de la nature cohabitent allègrement, où la défense du consommateur est son mépris le plus absolu. Où la « mondialisation » provoque la multiplication des frontières et l'explosion du communautarisme. Comme disait Jean Baudrillard, quand on parle d'humanité c'est qu'il n'y a plus d'hommes, quand on parle d'écologie c'est qu'il n'y a plus de nature.

6. Jacques Marseille, in *Le Point*, décembre 2006.

Dans cet ouvrage, nous nous fixons deux objectifs.

Tout d'abord, en finir avec la contemplation béate du marché. À chaque nouvelle secousse, le chœur des pleureuses s'insurge contre la finance et ses errements. À chaque fois, et de plus en plus vite, on recommence comme avant, et la voix qui finit toujours par s'imposer est celle qui répète qu'il n'y a pas de salut hors du marché. Ces derniers temps, pourtant, de plus en plus d'intelligences se dressent pour dire que trop c'est trop. Mais les repentis de la dernière heure et les cyniques se sont joints au chœur, laissant présager le pire ; et le pire c'est que « tout change pour que rien ne change ». Ainsi n'est-il pas cocasse de voir un Jean-Marie Messier[7] sortir de sa réserve pour proposer au monde sa solution pour sortir de la crise ?

Cet ouvrage a un autre but, lui aussi difficile à atteindre. Le système n'est pas le seul responsable de la situation actuelle. Coluche, dans un de ses nombreux éclairs de lucidité, a dit quelque chose comme « il suffirait que les gens n'achètent pas pour que ça ne se vende plus ». Une révolution reste à faire, la plus difficile. Celle de la prise en main des problèmes par chacun. Il ne s'agit pas de l'autoflagellation du consommateur, qui est déjà en cours. Et qui a été illico transformée en nouveau marché. Le marché de la bonne conscience facilement acquise par l'achat d'un produit soi-disant bio ou par le tri des déchets. Quelque chose d'un peu plus fort et d'un peu plus coûteux. Il faut repenser notre mode de consommation, et ça, c'est plus ardu.

---

7. Jean-Marie Messier, *Le jour où le ciel nous est tombé sur la tête*, Le Seuil, 2009.

Il faut profiter de la crise pour réfléchir. Est-ce la seule finance qui est devenue folle ? Le système lui-même (ce qu'on appelle à tort « l'économie réelle ») est-il exempt de toute dérive ? Et le consommateur de base, la ménagère, sont-ils les victimes éternelles ou ne sont-ils pas aussi les artisans de leur propre malheur ?

En évitant les travers du pamphlet simpliste et de l'étude hermétique, cet essai a comme objectif, en partant des problèmes du trader (la crise financière) et de la ménagère (le pouvoir d'achat), de répondre à trois questions simples mais fondamentales : Qu'est-ce qui fait le prix et la valeur des choses ? Que vaut le travail de l'homme ? Enfin, quelle est la valeur d'un monde bouleversé par le désordre et la pollution ?

Première partie

Le prix et la valeur des choses

Les bouleversements récents auront eu au moins un avantage : montrer à quel point tout un système qu'on croyait taillé dans le granit était en réalité fait de sable mouvant et que les certitudes, les impératifs qui le fondaient, répétées *ad nauseam* par économistes, hommes politiques et journalistes, n'étaient que pure idéologie.

Des banquiers, qu'on croyait maîtres du système, mis en déroute; leurs banques, forteresses imprenables, transformées en mendiantes de leur pire ennemi : l'État.

Les gouvernements eux-mêmes qui s'époumonaient depuis des années à répéter que « les caisses étaient vides » ont mis prestement la main au portefeuille trouvant des centaines de milliards, certains virtuels, d'autres bien réels, pour sauver le monde.

On peut facilement prédire la suite, déjà en cours d'ailleurs.

On montrera du doigt quelques traders maladroits et les directeurs de banques seront privés (les plus malins s'en privent eux-mêmes) de bonus et de parachutes dorés. Les hommes politiques parleront de moralisation et de nouveau

Bretton Woods, mais le système, même réformé pour gommer ses aspérités les plus insupportables, sera absous et reconduit avec ses aberrations et ses injustices.

La ménagère, écrasée par tant d'horreur, se dit qu'en définitive ses malheurs actuels sont peu de chose et que le pire est une menace bien réelle : elle en oublierait presque ses fins de mois difficiles et les contorsions de son budget. Mais que ce soit au sommet de la finance ou dans le quotidien, c'est bien le même système qui s'effondre.

Dans ce contexte de déroute financière et de crise généralisée, il est utile de faire le point sur ce qui fait le prix et la valeur des choses. Nous verrons que dans le monde de la finance et dans celui des étiquettes des supermarchés le même désordre s'est imposé.

Chapitre 1

Splendeur et décadence du trader

Des prix qui s'effondrent, d'autres qui flambent : le baril de pétrole passant, en quelques mois, de 80 à 140 dollars avant de retomber à 90, puis à 40. L'action Renault perdant, en moins d'un an, 80 % de sa valeur. L'action Volkswagen, prenant, elle, 400 % en une seule journée. Mais ce n'est pas tout. Des bizarreries moins spectaculaires mais tout aussi étonnantes sont visibles dans le quotidien. Dans le même supermarché, on peut acheter une paire de chaussures pour le prix d'une paire de lacets. Un billet d'avion pour Rome moins cher que la course du taxi pour l'aéroport. Des soldes qui font fondre les prix, aux « ventes privées » sur Internet, aux promotions tous azimuts, la ménagère cherche en vain un sens au prix. Elle a l'impression que la boussole de l'économie s'est détraquée.

Dans les années soixante-dix, on a eu la « stagflation », la hausse des prix combinée à la stagnation économique ; aujourd'hui, les prix semblent être devenus fous ; on vit une sorte de « schizoflation » : la combinaison inédite et délirante de l'inflation et de la déflation.

Les responsables économiques eux-mêmes sont devenus schizophrènes. La règle, au cours des dernières décennies, était de lutter contre l'inflation, reconnue fléau principal. Réduction des dépenses publiques, pression sur les salaires, contrôle maniaque de la masse monétaire et de sa progression. Puis, avec l'éclatement de la crise des subprimes, voilà que les banques centrales du monde entier s'entendent pour inonder les marchés monétaires de liquidités pour éviter l'implosion du crédit, le *credit crunch,* souvenir traumatisant de la crise de 1929. Les États-Unis, qui sont dans l'urgence, baissent leurs taux d'intérêt (alors que ces mêmes taux bas sont à l'origine des folies des crédits accordés à la pelle). L'Europe, devenue gardienne du dogme anti-inflationniste, s'y refuse, puis y vient en traînant des pieds. Comme coordination des politiques monétaires, on peut mieux faire. « La crise des subprimes est une crise de liquidité dans un monde d'abondance de liquidité. Cherchez l'erreur[8] ! »

À la veille de la crise de 1929, une cacophonie comparable régnait dans la politique monétaire que Milton Friedman taxait, à juste titre d'*inepte.* Et aujourd'hui ? Il est probable que l'adjectif « inepte » doive s'appliquer, non seulement à nos responsables économiques, mais à notre système tout entier.

8. Christian de Boissieu, in *Problèmes économiques,* n° 2945.

Les prix et le marché

Qu'est-ce qu'un prix ? La question peut faire rire, surtout par les temps qui courent. Chacun est tenté de dire : « Le prix ? C'est ce qui m'empêche d'acheter ce que je veux. » Cette réponse ne manque pas de pertinence. Le prix n'est pas une grandeur économique quelconque. Toute l'économie de marché est fondée sur lui.

Le prix est l'axe de la balance de notre système économique. Issu, théoriquement, de la confrontation de l'offre et de la demande, il est censé représenter la mesure de la rareté des biens et une indication précieuse pour leur gestion. Un prix élevé indique un produit rare, ou difficile à produire ; il décourage les consommateurs mais attire au contraire les producteurs. Un prix bas, qui signale une abondance de biens, attire le consommateur et fait fuir le producteur. Ainsi, grâce à l'action du prix, c'est toute la société qui se meut vers une meilleure solution au problème économique : faire plus et mieux avec les ressources limitées dont on dispose, progresser, s'enrichir, vivre mieux. L'entreprise qui est capable d'offrir un bien d'égale qualité à moindre prix prospère. Celle qui en est incapable fait faillite. C'est la loi salutaire de la concurrence.

Les économies socialistes ont payé cher leur refus du prix et du marché. La planification, censée les remplacer, s'est transformée en machine à créer, non des richesses mais de la pénurie. Le seul marché toléré, le marché kolkhozien, produisait, sur 2 % des terres cultivées, 40 % de la production agricole totale.

Cette vision canonique paraît on ne peut plus rationnelle, et l'expérience semblait la confirmer. Il est évident pourtant que les mésaventures de notre monde depuis quelque temps nous éloignent de la vision angélique d'un marché qui, grâce à la divine providence (autrement dit, « la main invisible »), s'équilibre automatiquement et offre au monde bien-être et prospérité.

Le prix, le marché et la concurrence sont théoriquement capables d'opérer un miracle que les économistes appellent l'*allocation optimale des ressources.* C'est de ce marché et de cette concurrence qu'on chante les louanges depuis trente ans. C'est cette idéologie qui s'est imposée à l'Europe et au monde, y compris à ce qui se présente encore comme un pays communiste : la Chine. Les événements récents ont brisé le miroir aux alouettes. Selon *Le Monde,* la crise financière de l'automne 2008 aura coûté à l'humanité la bagatelle de 25 000 milliards de dollars. La moitié du produit mondial brut. Le PNB de l'Union européenne et des États-Unis réunis. Comme « allocation optimale des ressources », ça se pose là. Bien sûr on peut discuter ce chiffre. Certains osent même dire (mais là, ça frise le mauvais goût) que ces mêmes milliards ce sont les marchés financiers qui les ont créés. Que ce que le jeu de l'offre et de la demande a créé, le jeu de l'offre et de la demande l'a détruit.

Admettons que le prix soit en définitive créé par le marché. Mais il ne faut pas oublier que sur le marché, un troisième larron vient se glisser entre l'offre et la demande ; quelqu'un qui peut aussi bien acheter et vendre, mais non pour satisfaire ses besoins ou gagner sa vie, mais pour gagner… un maximum : le spéculateur.

« La peste du siècle »

La spéculation, « peste du siècle » ? Qui donc a osé porter un jugement aussi radical (et aussi radicalement juste) sur un phénomène qui fait désormais partie intégrante de notre paysage économique au point de ne susciter, jusqu'à hier, le moindre intérêt ?

Ce n'est ni un gauchiste ni un altermondialiste d'Attac. C'est le très libéral Guido Tremonti, ministre italien de l'Économie. Quelle mouche a donc piqué ce ministre berlusconien pour porter un tel jugement ? Et pourquoi aujourd'hui ?

La spéculation est une vieille affaire en économie. Spéculer signifie acheter quand le prix est bas et vendre quand le prix est élevé. Acheter et vendre donc, non pour satisfaire un besoin, mais pour réaliser le plus gros gain. Baudrillard en donne une définition plus cinglante : « La spéculation n'est plus de la plus-value, c'est l'extase de la valeur, sans référence à la production ni à ses conditions réelles. C'est la forme pure et vide, la forme expurgée de la valeur qui ne joue plus que de sa propre révolution en circulation orbitale, [elle est la] phase esthétique et délirante de l'économie[9]. »

9. Jean Baudrillard, *Le Paroxyste indifférent*, Grasset, 1997.

Le fait de profiter d'une hausse des prix pour s'enrichir est connu depuis l'Antiquité. Mais comme ce qui fait le plus franchement augmenter les prix est la pénurie, et donc la misère, la spéculation était traditionnellement, pour le moins, mal vue. Les Romains préconisaient la lapidation pour les spéculateurs et au Moyen Âge, l'Église les envoyait tout droit en enfer. Jusqu'à une date récente, la spéculation était, non seulement acceptée, mais jouissait d'une admiration universelle. Gagner de l'argent facilement ne peut être qu'honorable. La démocratisation de la spéculation par Internet a mis par ailleurs le grand frisson au bout de la souris.

L'histoire moderne de la spéculation commence par une folie florale. Celle qu'a provoquée l'arrivée en Europe au XVIIe siècle de la tulipe. Cette fleur, à l'époque exotique, a déclenché en Hollande un engouement tel qu'au plus haut un bulbe de tulipe valait le prix d'un carrosse, certaines espèces rares valant même le prix d'une maison. Pendant quelque temps, l'euphorie a alimenté l'expansion de l'économie batave ; puis après un krach retentissant, elle l'a plongée dans une longue récession. Retenons de cette première catastrophe que le spéculateur se moque éperdument de l'objet sur lequel il spécule : bien que la Bourse soit son lieu de prédilection, on l'a vu agir aussi bien sur l'immobilier que sur les voitures de collection, sur les œuvres d'art aussi bien que sur l'or ou le blé.

Au XIXe siècle, la Bourse est devenue le lieu d'une spéculation récurrente. Elle se greffe et se focalise sur l'innovation, notamment sur les aventures ferroviaires. Chaque fois qu'un projet de nouvelle ligne est lancé, les spéculateurs affluent, faisant gonfler les cours des sociétés ferroviaires et provoquant une hausse généralisée. Plus tard, lorsque la ligne entre en fonction et que sa rentabilité se révèle moins paradisiaque que prévu, les cours chutent entraînant un krach boursier et une crise économique généralisée. Ce schéma s'est reproduit avec une régularité de métronome, tous les huit à dix ans. Et tous les huit à dix ans, les spéculateurs ont recommencé, et le schéma s'est reproduit. Galbraith a mis l'accent sur l'« amnésie » des marchés, caractère récurrent des aventures financières. On en reparlera.

En 1929 se produit l'événement spéculatif le plus célèbre et le plus ravageur de l'Histoire, puisqu'on lui doit, comme conséquence, la crise mondiale et probablement la Seconde Guerre mondiale. L'histoire est connue. Retenons simplement que le krach de 1929, amplifié par l'ampleur prise par les marchés financiers et leur relative démocratisation, a dégénéré en crise pour une cause profonde : le décalage abyssal qui s'était creusé dans les années vingt entre l'opulence apparente de la société américaine, l'essor de l'industrie, la joie de vivre et la réalité de l'arrière-boutique faite de salaires bas, produit des politiques déflationnistes que pratiquaient les gouvernements d'Europe et d'Amérique, traumatisés par l'inflation de l'après-guerre.

Les gouvernements de l'après-guerre ont retenu la leçon de cette crise à tous les niveaux : la finance a été durement réglementée et le capital mis sous tutelle. Par ailleurs, la consommation a été soutenue par la création de salaires minimums et de revenus sociaux selon les préceptes de John

Maynard Keynes. Les « trente glorieuses » ont été caractérisées par une croissance forte et par une paix boursière totale. Aucun phénomène spéculatif n'a dégénéré en crise ouverte pendant cette période.

Avec le retour en force du libéralisme dans les années quatre-vingt, la Bourse fait l'objet d'une profonde libéralisation, elle est déréglementée ; on fait sauter les bornes, les contrôles, les interdits. Les marchés financiers ont connu depuis un essor extraordinaire et une extraordinaire instabilité. On passe d'une bulle à un krach, d'une crise financière à une autre. Comme au XIXe siècle, mais à une cadence bien plus soutenue. La spéculation est au cœur de cette mécanique déplorable.

C'est la spéculation sur les *junk bonds* et les produits dérivés qui crée les conditions du krach de 1987 et sa réplique en 1989. C'est la spéculation sur les monnaies qui provoque la crise asiatique de 1997 puis la crise russe de 1998. C'est la spéculation sur les valeurs technologiques qui crée la « bulle Internet » et son éclatement en 2000.

C'est encore la spéculation sur les produits dérivés de crédits hypothécaires qui provoque le grand krach d'octobre 2008.

Entre-temps, le monde de la finance, libéré de ses entraves, a provoqué bien d'autres mésaventures, d'autres faillites : crises des caisses d'épargne américaines, crise frauduleuse de Enron, de LTCM, de Parmalat, et pour finir celle qui les ravale toutes au rang d'aimables plaisanteries : la fraude Madoff.

Le trader. – À partir des années quatre-vingt, un nouveau personnage vient remplir les gazettes de ses exploits. Selon les moments, on l'a affublé d'appellations chocs dont les journalistes sont friands. On a eu ainsi le « golden boy » et le « yuppie » (acronyme de *young urban professional*), on le connaît aujourd'hui sous le nom de « trader ».

Diplômé des meilleures écoles, jeune, affamé de réussite et de gain, le trader peuple les capitales de la finance mondiale : New York, Londres, Hong Kong. Après les « cow-boys », on a eu les « techniciens ». La France est devenue, grâce à son goût pour les sciences dures, producteur et exportateur de traders. La filière de l'excellence est la suivante : grande école d'ingénieurs, X, puis une spécialisation en « Math-fi » à Dauphine ou à Paris V où l'on trouve une véritable pépinière de « Quant ».

Le trader gagne bien sa vie. Ils seraient entre 1 000 et 1 500 à Paris à avoir un bonus annuel de plus d'un million d'euros. Pas grand-chose par rapport à ce qu'on gagne à Londres ou à New York. Les frères Michael et Yoel Zaoui travaillant pour Goldman Sachs et Morgan Stanley dépassaient chacun les 10 millions.

Le secret de la réussite du trader tient à ses réelles capacités techniques, mais surtout, comme l'Histoire l'a prouvé à maintes reprises, au fait que ses supérieurs ou les gens pour qui il travaille ne comprennent rien ou pas grand-chose à ce qu'il fait.

Il faut dire que les outils du trader ont de quoi inspirer le respect et laisser perplexe. Le dernier joujou à la mode dans les salles de marché est la *stochastique*.

La stochastique est une branche des mathématiques qui essaye de maîtriser les phénomènes aléatoires, c'est-à-dire le chaos. Au XXe siècle, les mathématiciens ont commencé à explorer le « hasard », un domaine qui était jusque-là réservé aux joueurs, aux jeteurs de dés et aux jeteurs de sorts. Les travaux des mathématiciens, des physiciens et des météorologues ont montré que le « hasard » avait des règles. Des concepts aux noms poétiques (attracteurs étranges, bifurcations, fractales, le célèbre « effet papillon »), mais aussi inquiétants comme le concept de « catastrophe » de René Thom, ont été mis au point et testés.

Des outils issus de la thermodynamique, de la physique des particules élémentaires sont ainsi mis au service de la finance à qui le « hasard » a toujours posé un problème.

Ces outils ont trouvé un secteur d'activité privilégié : la gestion des risques. Le risque a toujours été un des composants de l'activité économique et financière. Au cours des dernières décennies, avec la libéralisation des marchés et la globalisation, les facteurs de risques se sont multipliés : risque de change, risques liés à la variation des taux d'intérêt, risque de variation du cours des matières premières et de l'énergie, sans oublier le risque le plus élémentaire, celui inhérent à l'achat d'actions.

C'est à ces domaines que le trader applique ses formules et, qui plus est, il se lance dans la création (« la finance créative ») de nouveaux produits où son savoir mathématique et statistique, puissamment secondé par l'informatique, fait merveille. Ce qu'on recherche, c'est toujours le *levier*.

Le levier. – « Le monde de la finance acclame encore et toujours l'invention de la roue, souvent dans une version légèrement plus instable », écrivait Galbraith[10]. La « roue » c'est souvent le « levier ». L'effet de levier.

Le levier est une technique financière qui permet de multiplier les gains sur la base d'un apport limité, ou, si on est plus optimiste, de multiplier les gains sur la base d'un apport donné.

Le crédit est le plus simple des leviers. Avant 1929, à Wall Street, les achats à crédit d'actions (*call loans*) se sont développés permettant ainsi, dans un contexte de hausse continue, de multiplier les gains. Avec 100 dollars, le spéculateur traditionnel pouvait acheter une action. Si elle augmentait de 20 %, il gagnait 20 dollars. Mais si la banque prêtait 900 dollars, il pouvait acheter dix actions. Pour la même hausse, et pour la même mise, il aurait gagné (en oubliant les intérêts) non plus 20 mais 200 dollars. Voilà le levier.

Le problème est que si les actions baissent, la banque va faire un « appel de marge » puisque les actions (qu'elle a gardées en dépôt comme garantie du prêt) ne suffisent plus. Le levier déclenche donc un puissant retour de manivelle puisque, ne voulant pas perdre plus d'argent, les spéculateurs se précipitent pour vendre…

Dans les années quatre-vingt, une multitude de nouveaux outils financiers s'est développée : les produits dits « dérivés ». Le principe est connu depuis longtemps, mais c'est seulement depuis cette période qu'on en a fait des « leviers »

10. John Kenneth Galbraith, *Brève histoire de l'euphorie financière*, Le Seuil, 1992.

extraordinaires, reléguant les anciennes méthodes spéculatives au rang d'outils préhistoriques. Ici les gains possibles n'ont quasiment pas de limites, on peut, en une journée, en quelques heures, réaliser des plus-values de 500 % ou 1 000 %, y compris depuis chez soi en titillant une souris.

Au départ, les produits dérivés (options, *swaps*, *futures*) sont des produits d'assurance. Ils permettent aux acheteurs ou vendeurs d'un bien quelconque de se voir garantir au temps 1, une transaction prévue pour le temps 2, à un prix fixé d'avance. Ainsi un acheteur de produits américains peut « réserver » pour dans trois mois une somme en dollars au cours d'aujourd'hui. Il aura annulé, au moment du bouclage de la transaction, le risque de change.

Normalement les banques se contentent de jouer un rôle d'arbitrage, c'est-à-dire fournir aux différents acteurs l'assurance qu'ils demandent. Ainsi, l'existence d'acteurs en Europe et aux États-Unis ayant des craintes différentes (l'un a peur que le dollar monte, l'autre que l'euro monte) permet à la banque de couvrir le risque de l'un avec le risque de l'autre.

Mais les produits dérivés ne sont pas restés longtemps des produits d'assurance. Les opérateurs financiers ont vite compris le potentiel spéculatif explosif qu'ils contenaient. Ainsi ils sont devenus une sorte de formule 1 de la spéculation : on en a créé sur toutes sortes de « sous-jacents » (les produits de référence) : le pétrole, les matières premières, les actions mais aussi les taux d'intérêt, les indices boursiers. Les banques ont pris l'habitude désormais d'en acheter dans un but purement spéculatif, pour le compte de leurs clients amateurs de risques et de forts gains d'abord, puis pour elles-mêmes. Quitte à dire que c'était à l'insu de leur plein gré, quand ça tourne mal.

En effet, spéculer sur des produits dérivés comporte un risque qu'aucune autre forme de spéculation ne laissait envisager : la *perte totale.*

Qu'à cela ne tienne. Le génie mathématique des traders a de quoi exorciser cette éventualité catastrophique. La stochastique est là avec ses formules. Une des plus célèbres est celle de Black-Scholes qui permet de calculer la valeur théorique d'une option. Robert Merton et Myron Scholes ont reçu le prix Nobel d'économie en 1997. Alors ? Pourquoi avoir peur ?

Le retour de manivelle. – Quelques personnages de trader ont marqué de leurs exploits notre histoire récente. Leurs aventures sont placées sous les signes jumelés du génie et de la catastrophe.

Le premier fut Michael Milken. Cet homme gagnait, au temps de sa splendeur, 550 millions de dollars par an, soit la bagatelle de quelque soixante smic *par jour.* Sa trouvaille géniale ce furent les « obligations à haut rendement » que les plus sages ont immédiatement baptisées « junk bonds » (obligations pourries). Il s'agissait de financer des opérations de prise de contrôle de grandes sociétés en difficulté par l'émission d'obligations sur les marchés financiers (*Leverage Buy Out* ou LBO, achat sur effet de levier). Ces opérations étant risquées mais potentiellement juteuses, on pouvait offrir aux souscripteurs des taux alléchants (jusqu'à 20 %).

Cela a formidablement fonctionné et cela a permis à de véritables requins (comme Jimmy Goldsmith) de s'enrichir en dépeçant de vieilles entreprises qui avaient prospéré pendant les « trente glorieuses » mais qui s'étaient engluées dans les difficultés au cours des années quatre-vingt : effectifs pléthoriques, sentiment de responsabilité sociale, manque d'innovation.

Les vestales du marché et de la libre concurrence ont encensé Milken, voyant en lui le retour d'un capitalisme régénéré, désinhibé, ragaillardi. Jusqu'au moment où Milken, impliqué dans une centaine d'affaires de délit d'initié, fut traduit en justice et ruiné ; sa banque, la Drexel Burnham faisant faillite.

Le deuxième fut Nick Leeson. Chargé dans les années quatre-vingt-dix de la gestion des produits dérivés sur le Simex (le marché d'options de la Bourse de Singapour) pour le compte de la pluricentenaire banque Barings, ce jeune homme se fit remarquer par sa capacité à générer des profits colossaux, en jouant notamment sur le Nikkei. À la fin des années quatre-vingt-dix, le Nikkei se mit à plonger. Leeson mit en place une martingale lamentable : rejouer la hausse du Nikkei, en augmentant la mise. Mais l'économie japonaise étant entrée dans une période de difficultés chroniques, l'augmentation ne vint pas. Les coups de Leeson se transformaient en fiascos retentissants, allant jusqu'à lui coûter 50 millions de livres sterling en une seule séance. Incapable d'avouer ses erreurs, Leeson en commit une de trop, irrémédiable : au lieu de se contenter de jouer l'argent des clients, il se mit à jouer l'argent de la banque elle-même.

À la fin, il avait creusé un trou d'un milliard de livres sterling et la banque, incapable de faire face à de telles pertes, fit faillite et fut rachetée pour une livre sterling symbolique.

L'histoire de Jérôme Kerviel est similaire. Comme celle du trader de la Caisse d'épargne, le fameux Boris P., jeune homme brillant et chargé de cours de finance à Dauphine.

« Des armes financières de destruction massive »

C'est ainsi que Warren Buffet a défini les produits dérivés de crédit dont le marché a explosé après 2004.

Il est de bon ton, dans les hautes sphères de la finance, du marketing et du management, de citer Clausewitz ou Sun Tzu mis à la sauce de la guerre économique. Il est un ouvrage portant sur le même domaine, l'*Hagakure*, le livre de chevet des samouraïs, dont un passage sied parfaitement aux spécialistes de la finance : « L'homme qui fonde sa réputation sur une compétence dans une technique particulière est un imbécile. Ayant commis la folie de concentrer son énergie sur un seul objet, il n'a acquis son excellence dans un domaine qu'en excluant toute autre préoccupation. Un tel individu ne peut servir de rien[11]. »

La crise des subprimes, qui a plongé le monde dans la récession, n'a rien d'original par rapport aux autres crises spéculatives. Les ingrédients changent, mais la recette est la même. La vraie nouveauté c'est l'ampleur qu'elle a

11. Yamamoto Tsunetomo, *Hagakure*, Guy Trédaniel, 1999.

assumée, véritable mesure de la stupidité de ceux qui en sont responsables.

Au départ, un coup de génie à deux étages de l'intelligence financière américaine.

Les banques trouvent d'abord dans le très grand nombre d'Américains à faible revenu et en situation de précarité le marché idéal pour des crédits immobiliers d'une nouvelle espèce. On va jeter aux oubliettes la vieille devise « on ne prête qu'aux riches », désormais les pauvres aussi vont pouvoir accéder à la propriété immobilière. Le 11 Septembre ayant quelque peu secoué le pays, il fallait réactiver le « rêve américain ».

Ce fut fait grâce aux taux d'intérêt bas, que l'on doit à l'action persévérante d'Alan Greenspan à la tête de la Banque centrale américaine. Ces taux bas (1 %), outre attirer le chaland, permettaient de jolies marges, puisque les taux servis aux nouveaux clients étaient plus élevés que ceux servis aux clients « normaux », c'est-à-dire ceux dont la solvabilité était mieux assurée. Par ailleurs, dans les contrats de prêt étaient stipulés des taux variables, au cas où. L'habileté commerciale des banques, jamais en reste, invente le système 2 + 28 ; les deux premières années de remboursement à faibles mensualités, le reste... De toute manière, en cas de défaillance de l'emprunteur, on fait jouer l'hypothèque, on vend la maison et, compte tenu du boom immobilier, on encaisse une jolie plus-value. En 2006, 46 % des crédits émis étaient des subprimes.

Le deuxième étage est plus technique. Les risques pris par les banques sont malgré tout encombrants. Qu'à cela ne tienne. Le risque est devenu, grâce à des opérateurs financiers très pointus, un marché. Les banques peuvent donc vendre leurs crédits risqués et se tourner vers d'autres aventures. Le marché du risque est bien approvisionné. Chacun peut y trouver ce qu'il cherche : des produits très risqués qui rapportent beaucoup, ou des produits plus tranquilles qui rapportent moins. Il y a surtout des produits qui opèrent un « mix » de risques, comme les Sicav qui « synthétisent » en un panier unique plusieurs actions ou obligations. La procédure de mixage et de revente de crédit est ce qu'on appelle la « titrisation ». Un chef-d'œuvre d'intelligence financière.

Sur la base des crédits hypothécaires, on crée des titres adossés à des crédits immobiliers, les « Residential Mortgage Backed Securities » ou RMBS. Ces titres sont émis par des sociétés ad hoc, créées par les banques, les « Special Purpose Vehicle » ou SPV.

À partir des RMBS, on émet d'autres titres, les « Collateralised Debt Obligations ». Les CDO sont des titres de synthèse, des produits structurés au sein desquels on réorganise les créances en trois tranches plus ou moins risquées : « senior », « mezzanine » et « equity ». La première supprime les 20 ou 30 % premiers défauts de paiement, la dernière, qui comporte le plus de risques, a été surnommée « toxic waste » (déchets toxiques). Bien entendu plus le risque est fort plus le rendement est important.

Les CDO sont établis sur la base de modèles mathématiques (dont le « Gaussian Copula Model » de David X. Li) qui sont censés neutraliser le risque.

Pour rendre la chose encore plus drôle, des CDO au carré (CDO^2 intégrant plusieurs CDO) et au cube (CDO^3, intégrant plusieurs CDO^2) ont été créés. Ainsi que des produits dérivés : les « Credit Default Swaps » ou CDS.

Ici interviennent deux autres instances : les assureurs et les agences de notation.

Les « monolines » (ou rehausseurs de crédit), institutions spécialisées dans l'assurance des détenteurs d'obligations, se sont mis à assurer les produits dérivés de subprimes (MBIA, Ambac, FGIC…). Les produits assurés (contre paiement d'une commission) sont évidemment mieux notés par les agences. Des banques françaises, comme Dexia, Natixis ou le Crédit Agricole, étaient présentes dans ce secteur…

Les agences de notation (Standard & Poor's, Moody's, Fitch) jaugent les CDO avec un modèle mathématique au nom explicite (« Simulation Monte Carlo »), programme aléatoire qui teste les produits en simulant toutes les situations possibles par plus de 100 000 « lancers de dés ». Mais au-delà de la puissance des mathématiques et de l'informatique réunies, une logique pour le moins perverse s'est mise en place : les agences de notation notent les produits AAA puisqu'ils sont garantis par les assureurs d'obligations. Et les assureurs les assurent car elles sont notées AAA. C'est cette note qu'avait Lehman Brothers quelques semaines avant sa faillite.

Autre détail scabreux, les agences de notation dépendent pour leurs revenus des institutions financières. C'est-à-dire de ceux qu'elles notent. En 2006, 40 % des revenus de Moody's venaient de l'évaluation de produits structurés. Les agences ont pour habitude, en plus, de ne pas aller contre le marché. Elles ont toujours préféré avoir tort avec tout le monde que raison toutes seules…

Ces créances « titrisées » attirent du monde, banques, instituts de refinancement, fonds spéculatifs. Que ces derniers (les *hedge funds*) soient intéressés est dans leur logique spéculative. Mais on se demandera longtemps ce que sont venus faire dans cette galère les fonds de pension et autres gestionnaires de l'argent des communes.

Le problème est que ces produits sont tellement complexes et sophistiqués qu'au bout du compte les banques elles-mêmes ne savent pas quelle est la valeur de leurs créances. D'autant plus que les instituts de notation eux-mêmes n'y comprennent pas grand-chose non plus. Les « experts » qui y travaillent sont souvent, en effet, des traders « ratés » puisqu'ils gagnent trois fois moins (un peu comme les critiques littéraires qui sont souvent considérés, par les écrivains, comme des écrivains ratés).

La crise se révèle pendant l'été 2007 avant d'exploser en octobre 2008 ; il n'est pas nécessaire d'en faire la chronique. Précisons toutefois deux points importants.

Premier point, la gravité extraordinaire de la crise tient en ce qu'elle touche au cœur le système du crédit. Les faillites et l'inévitable timidité des banques ont étouffé l'émission de crédit provoquant un « credit crunch » (implosion du crédit) comparable (sur le principe si ce n'est par la violence) à celui qu'on a eu en 1929. La récession qui s'ensuit est due au fait que ménages et entreprises ont été sevrés de crédit, mettant à mal leur activité de production ou de consommation.

Second point, avant même que le « credit crunch » ne se produise, la crise des crédits hypothécaires va déboucher sur la crise pétrolière et alimentaire de 2007-2008. C'est ainsi que les frasques des traders vont se répercuter directement sur le portefeuille de la ménagère.

Pendant que la bulle immobilière commençait à se dégonfler, et avant même que les banques soient aux aguets, des cohortes de spéculateurs se sont lancées avec un bel ensemble sur les valeurs montantes du moment : pétrole, matières premières, produits alimentaires.

Unanimement, les responsables ont avoué n'y rien comprendre. Les ministres du G8 ont constaté, par la voix du Japonais Fukushiro Nukaga, « personne ne connaît réellement la vérité ». Dominique Strauss-Kahn, de son côté, a considéré que : « Ce n'est pas clair du tout. Nous avons besoin d'une étude pour répondre à cette question[12]. »

Et ce n'est pas le pire. Certains (les écologistes les premiers) ont crié à l'extinction des réserves pétrolières justifiant ainsi l'injustifiable : un prix du baril à 150 dollars. D'autres comme la Banque mondiale (et d'autres écologistes) ont crié haro sur les biocarburants responsables de la raréfaction des terres consacrées aux produits alimentaires. Résultat : l'industrie automobile mise à genoux, la précarité alimentaire de centaines de millions d'hommes augmentée.

Pourtant, les analyses plus sereines ne manquaient pas : « Aujourd'hui, à la différence des crises anciennes, il n'y a pas de problème d'approvisionnement ou de couverture,

12. AFP, 14 juin 2008.

l'offre est suffisante pour couvrir la demande courante de pétrole[13]. »

La vérité, on l'a vu, est plus simple et plus dramatique. La spéculation, sous toutes ses formes, est une sorte de chat fou bondissant d'un domaine à un autre. Chaque blessure subie est l'occasion d'une nouvelle fureur, à chaque fois plus aveugle. Des « junk bonds » des années quatre-vingt aux nouvelles technologies de l'information et de la communication (NTIC) des années quatre-vingt-dix, aux crédits immobiliers des années 2000, on peut suivre les errements de la spéculation à la trace des dégâts qu'elle provoque. On aura à surveiller, pour les années qui viennent, le domaine des énergies nouvelles, des biotechnologies. La bulle va bientôt se mettre au vert.

De tels phénomènes n'étonnent pas ceux qui ont de la mémoire. Au milieu du XIXe siècle se sont produites des crises que les historiens de l'économie appellent les « crises mixtes », pour les distinguer des crises capitalistes, propres aux pays industrialisés et des crises « d'ancien régime » de nature agricole, propres aux pays non encore industrialisés.

Les « crises mixtes » commencent dans la sphère agricole par de mauvaises conditions naturelles qui font diminuer les récoltes. La baisse de la production fait inévitablement augmenter les prix. À ce moment-là, les capitaux se détournent des activités industrielles et se placent dans le commerce de produits agricoles que l'on peut (grâce aux progrès du

13. Jean-Louis Borloo, in *Le Figaro*, 3 juillet 2008.

transport et à la libéralisation relative des échanges) acheter à bas coût ailleurs, y compris à l'étranger.

Ainsi, à la cherté des denrées alimentaires vient s'ajouter la baisse des salaires provoquée par la hausse du chômage consécutive à la récession industrielle. C'est ce type de crise que l'on a connu en France en 1847, avec les conséquences que l'on sait. Que la spéculation ne ruine pas les seuls spéculateurs est une vérité permanente. Il n'y a de nouveau que ce qui a été oublié.

Quelles conclusions tirer de cet effroyable gâchis ?

S'agissant des responsabilités, la tentation est grande – et peu n'y ont point cédé – de trouver des boucs émissaires, de les accabler de toutes les fautes, de clamer une « moralisation » et de tourner la page le plus vite possible, quitte à devoir tourner sa veste, encore plus rapidement. Dans ce domaine, l'action de M. Sarkozy a été symptomatique. L'homme qui a fait de la moralisation de la finance son cheval de bataille est le même qui, revenant d'un voyage dans le paradis anglo-saxon, faisait l'éloge des subprimes : « Je propose de changer les règles prudentielles imposées aux banques, de simplifier le recours à l'hypothèque et d'en réduire le coût[14]. »

Dans son ouvrage sur l'euphorie financière, curieusement épuisé au moment du krach, Galbraith donne quelques pistes. Les traders pourraient imprimer ces quelques phrases et en décorer leurs bureaux : « Le génie financier précède la chute [...] Le seul remède [...] ce serait un scepticisme

14. Nicolas Sarkozy, discours à la Convention de l'UMP.

renforcé, qui associerait résolument l'optimisme trop affiché à l'imbécillité probable [...] Les imbéciles sont tôt ou tard séparés de leur argent[15] ».

15. John Kenneth Galbraith, *Brève histoire de l'euphorie financière*, *op. cit.*

Chapitre 2

Le capitalisme n'écrase pas que les prix

Pendant que le trader boit la tasse, la ménagère, elle, trinque.

Jusqu'à il y a quelques mois, elle payait son gasoil au prix du champagne et ses pâtes semblaient être devenues des produits de luxe. Maintenant, le prix du pétrole a été divisé par trois mais pas le prix des carburants. Quant à son pouvoir d'achat, elle craint que ce soit bientôt celui d'un chômeur.

Heureusement, elle a un allié pour la soulager dans la gestion de son budget.

On a vu les dégâts que peuvent causer ces intermédiaires que sont les banquiers et leurs employés de luxe. Dans le capitalisme moderne, un autre intermédiaire occupe une place de choix entre producteurs et consommateurs. Un intermédiaire qui prospère et qui porte un amour infini à la ménagère : le supermarché.

Le capitalisme comme machine à broyer les prix (mais à gonfler les marges)

« Mammouth écrase les prix. » Chacun se souvient de ce slogan péremptoire. Slogan judicieux qui souligne une des caractéristiques principales de notre système économique.

Les grandes heures du capitalisme sont ponctuées par des innovations qui ont fait chuter les prix des marchandises et en ont permis l'accès au plus grand nombre.

L'arrivée du coton, au début de la révolution industrielle a mis les produits textiles à la portée de chacun. Bessemer en inventant un nouveau type de haut-fourneau pour la production d'acier a divisé le prix de celui-ci par 1 500.

Ford a commencé à vendre son modèle T à 850 dollars en 1908. Dans les années vingt, le prix était tombé à 350 dollars. L'arrivée des plastiques, dans les années cinquante, a inondé le monde d'objets utiles, pas chers et très laids.

En termes de pouvoir d'achat, le phénomène est moins visible, à cause de la variation des prix et des salaires, mais il a été aussi réel, notamment pendant les « trente glorieuses », malgré l'inflation de cette période.

Actuellement, c'est l'informatique qui distille ses bienfaits. Le bien qui a connu les baisses de prix les plus spectaculaires, c'est l'information. L'information sous toutes ses formes. Notamment celle qui se tapit au fond des disques durs de nos ordinateurs. On dit que si une Rolls avait connu la même baisse des prix, elle ne vaudrait aujourd'hui que quelques euros. Toujours est-il qu'une voiture moyenne d'aujourd'hui a une capacité de traitement de l'information d'un Airbus des années quatre-vingt. Et n'importe quel adolescent peut se déplacer avec l'équivalent d'une bonne bibliothèque municipale dans son baladeur.

Ce que le capitalisme a de meilleur, c'est la mécanique vertueuse qui crée les richesses, l'emploi, et le pouvoir d'achat.

Pendant deux siècles, des rouages bénéfiques ont ainsi fonctionné :

• La productivité a augmenté provoquant une diminution de la main-d'œuvre nécessaire et une augmentation de la production.

• L'augmentation de la production a permis une baisse des prix et une augmentation de la consommation.

• Les emplois détruits dans une branche par le progrès technique étaient remplacés par d'autres, plus nombreux et souvent plus qualifiés. Les revenus distribués augmentaient régulièrement ainsi que le niveau de vie.

Cette mécanique heureuse a deux composantes essentielles :

• L'innovation et l'augmentation de la productivité, obtenue par une spécialisation accrue et l'investissement ; mais aussi par les « économies d'échelle » qui font baisser les prix. (Un bien fabriqué sur une large échelle coûte moins cher parce que les coûts fixes sont divisés par un nombre plus important de produits.)

• Le « déversement » cher à Alfred Sauvy, qui fait que l'emploi détruit est remplacé par plus d'emplois, mieux rémunérés. C'est le complément de la « destruction créatrice » que Joseph Schumpeter mettait au cœur de la dynamique du capitalisme. Les réservoirs de main-d'œuvre étaient les secteurs traditionnels d'activité (l'agriculture, mais aussi le foyer où la ménagère travaillait aux tâches domestiques et d'éducation) ou ces mêmes secteurs à l'étranger (immigration).

Cette mécanique s'est enrayée dans les années soixante-dix/quatre-vingt pour plusieurs raisons. Elle était d'abord essentiellement liée à la production de biens physiques. Le déversement a progressivement transformé nos sociétés en sociétés de services. La population active est désormais aux trois quarts, si ce n'est plus, employée dans le tertiaire. Le problème est que dans les services, les gains de productivité sont plus difficiles à obtenir.

Les gains de productivité, les innovations dans le processus productif, les idées géniales qui font fondre les prix ne viennent pas tous les jours. Le reste du temps, le producteur est obligé de faire preuve d'imagination pour comprimer les prix. Et quand l'intelligence manque, on fait appel à la ruse. Dans ce domaine, malheureusement, il n'y a guère de limites. Ce qui en souffre souvent, c'est la qualité du produit.

L'hypermarché comme allégorie

La grande distribution est issue historiquement de l'application au commerce des principes de rationalisation et de spécialisation résultant de l'industrie fordiste et taylorienne. Ceux qui ne l'ont pas compris, ou ne l'ont pas accepté (comme Félix Potin, vous vous souvenez ?) ont été laminés.

L'hypermarché est le prolongement de la production à la chaîne ; c'est la vente à la chaîne sans les désagréments de la production. Ici les baisses de prix ne viennent pas de l'innovation mécanique mais de l'innovation mercatique. Lorsqu'un problème de pouvoir d'achat se présente, c'est à l'hypermarché qu'on pense d'abord, comme à une solution miracle. La commission Attali sur la croissance n'a pas trouvé mieux que de conseiller une ultérieure libéralisation des supermarchés dont elle attend un gain de 2 % de pouvoir d'achat en trois ans.

Pourtant, juxtaposer les mots « libéralisation » et « grande distribution » nous fait penser à la différence fondamentale que soulignait Braudel entre économie de marché et capitalisme. Dans le commerce, comme dans la banque, les rois du « marché » ce sont les intermédiaires. Ici pas d'échange « les yeux dans les yeux ». Les hypermarchés d'aujourd'hui sont les dignes héritiers des marchands de Venise. Et les cousins des grands groupes financiers. Le capitalisme est plus que jamais « l'antimarché » et le couteau à deux doigts de la gorge.

La grande distribution actuelle est fondée sur les principes qu'un homme a enseignés, notamment aux fondateurs des grandes enseignes françaises, qui allaient écouter ses conférences comme d'autres vont à La Mecque. Cet homme s'appelait Bernardo Trujillo. Sa philosophie des « usines à vendre » tient en quelques maximes péremptoires : « no parking, no business », « monkey see, monkey do », « empilez haut, mais vendez bas », « les promotions sont un îlot de pertes dans un océan de profit », « faites du cirque en permanence », « le plus grand barrage entre le client et la marchandise c'est le vendeur », « les trois pieds du succès : libre-service, bas prix, spectacle ».

Après quelques décennies d'expérimentation et de perfectionnement, la grande surface est devenue une redoutable arme de vente massive. De l'entrée à la caisse, tout est calculé pour presser le portefeuille du consommateur comme un citron.

Le labyrinthe. – La ménagère ne sait pas à qui elle a affaire en pénétrant dans l'hypermarché. Depuis la disparition des commis et autres vendeuses, elle se croit seule face à la marchandise et elle croit maîtriser ce tête-à-tête silencieux. En réalité, elle est semblable à une souris blanche dans un laboratoire. Elle croit être seule mais chacun de ses gestes, chacun de ses mouvements, a été de longue date épié, analysé.

Le marketing est devenu depuis des décennies une branche majeure du pragmatisme économique ; il prime dans l'enseignement commercial, des centaines de traités, des milliers d'articles lui sont consacrés. Sergio Zyman, ancien directeur du marketing de Coca-Cola, en a donné cette charmante définition : « Le seul objectif du marketing est de parvenir à faire en sorte que davantage de personnes achètent davantage de votre produit, davantage de fois et pour davantage d'argent[16]. »

L'hypermarché n'est pas un lieu neutre. C'est une succession de chausse-trappes, de guet-apens. L'organisation générale des rayons suit une logique simple. Les rayons des produits les plus courants, l'alimentation, sont toujours situés à l'extrême gauche, au point le plus éloigné de l'entrée. Nos

16. Sergio Zyman, *The End of Marketing as We Know It*, HarperCollins, 1999.

experts ont constaté que le consommateur avait tendance spontanément à se diriger vers la droite : c'est là qu'on installe les rayons les plus « ludiques » (informatique, audiovisuel, jeux). Ainsi, lorsqu'on vient acheter des carottes, on a toutes les chances de faire un grand circuit touristique de la plupart des rayons.

Les têtes de gondole, emplacements privilégiés, sont destinées aux promotions et autres « affaires », la présentation par quantités est toujours gage de « bon coup à ne pas rater ».

La distribution dans les étages des rayons obéit également à des règles immuables. Les produits qui sont à hauteur des yeux et à portée de la main sont ceux dont le magasin veut faciliter la vente. Généralement ce sont les plus gros porteurs de marge. En bas, on trouve les produits bas de gamme et premiers prix. Se baisser c'est s'abaisser.

La décision d'achat tient en effet à peu de choses : des consoles de jeux exposées en sécurité dans des vitrines se vendent 30 à 70 % moins que les mêmes exposées en accès libre. Même si les vols augmentent, les supermarchés préfèrent cette présentation quitte à affubler les consoles de systèmes antivol (araignées) coûteux, et pas toujours très efficaces.

Les progrès techniques permettent de réaliser des bonds en avant dans l'efficacité de la vente : ainsi le *datamining* (la mise en mémoire et l'exploitation des données informatiques des tickets de caisse et des cartes de fidélité) permet de connaître toutes les aventures du consommateur, par exemple les « achats croisés » : celui qui achète tel produit achète aussi tel autre produit. Selon les spécialistes c'est l'enjeu du XXIe siècle.

D'autres systèmes sont en cours de mise au point : des capteurs sur les caddies pour étudier les déplacements dans les rayons et éviter les embouteillages, surtout aux caisses. Les caisses restent le vrai problème des supermarchés : tous rêvent de les éliminer (et avec elles, les caissières) ; on travaille sur le sujet...

La plus grande entreprise du monde ne produit rien. Elle vend.

Wal-Mart est le leader mondial des distributeurs avec plus de 350 milliards de dollars de chiffre d'affaires (contre 245 milliards en 2004). Sept mille magasins. Deux millions d'employés. Chaque semaine, 180 millions de personnes passent par ses magasins et 80 % des Américains ont acheté quelque chose chez Wal-Mart en cours d'année. Quatre membres de la famille Wolton se sont classés parmi les dix Américains les plus riches[17].

Le succès extraordinaire de Wal-Mart est entièrement fondé sur une politique de prix bas (*everyday low prices*). Une « course vers le bas » (selon l'expression de Lysiane Baudu) qui est la véritable bannière de l'entreprise qui se vante d'être 20 % moins chère que ses concurrents et de permettre ainsi aux Américains de réaliser un sérieux gain de pouvoir d'achat.

Les atouts du système Wal-Mart sont évidents. Mais comment sont-ils obtenus ? La recette est simple : comprimer au maximum les coûts salariaux (– 20 à 30 %) donc bannir toute présence syndicale, obliger les fournisseurs à pratiquer des

17. Lysiane Baudu et Gilles Biassette, *Travailler plus pour gagner moins. La menace Wal-Mart*, Buchet-Chastel, 2008.

prix sacrifiés (tellement que certains fournisseurs n'y ont pas survécu !). Et bien évidemment, avoir un recours massif aux produits d'importation, notamment chinois.

La politique sociale de Wal-Mart est telle qu'elle réussit à enfreindre la législation américaine sur le travail (en 2005, l'entreprise a été condamnée à une amende de 172 millions de dollars pour avoir refusé aux employés une pause-déjeuner[18]).

Lorsque Wal-Mart a annoncé son arrivée en Californie au début des années 2000, ses concurrents ont immédiatement prévenu leurs employés qu'ils ne pouvaient pas maintenir leur niveau de salaire. Une grève de cinq mois s'en est suivie avec les résultats qu'on imagine. Dans les comtés où Wal-Mart s'est installé, les salaires ont baissé jusqu'à 5 %.

Ainsi les quelque 2 300 dollars qu'elle ferait gagner par an aux familles sont chèrement payés. D'après un rapport du Congrès, chaque employé Wal-Mart coûte à la collectivité 2 100 dollars en dépenses d'assistance sociale[19].

Mais l'atout essentiel de Wal-Mart est peut-être l'augmentation de la pauvreté aux États-Unis au cours des dernières décennies. L'exportation de ce modèle dans les pays émergents (Chine, Russie, Brésil...) montre bien dans quel domaine s'exerce leur savoir-faire.

Ce qui est vrai pour les États-Unis est vrai également, à quelques nuances près, pour les autres pays.

---

18. Serge Halimi, « Wal-Mart à l'assaut du monde », in *Le Monde diplomatique*, janvier 2006.
19. *Idem.*

Au cœur de la puissance de la grande distribution, on trouve des rapports de force avec les clients et les fournisseurs on ne peut plus déséquilibrés en faveur de l'hypermarché. Le « couteau sous la gorge » de Braudel.

Les rapports avec les producteurs et fournisseurs sont en France le domaine des fameuses *marges arrière* : véritables fourches caudines auxquelles doit se soumettre celui qui veut avoir accès à la grande distribution. Rémunération de « prestations fictives ou survalorisées » de 10 % il y a dix ans, « elle dépasse largement la barre des 50 % » aujourd'hui. « Le superbénéfice n'est jamais répercuté auprès du consommateur. » Les fournisseurs payent pour tout : droit d'entrée pour être référencés, pour les têtes de gondole, pour la pub, pour être sur les dépliants, les catalogues. Sans compter les « cadeaux », sous forme de produits gratuits, qu'on demande à toute occasion, et, pour finir, une « remise de fin d'année » pour fêter Noël comme il se doit[20]. C'est cette situation qui oblige les producteurs à une course permanente pour comprimer les coûts et qui les mène parfois à la faillite.

Il n'y a pas d'autres issues, car entre les dizaines de milliers de producteurs et les millions de consommateurs, en France, cinq groupements de distributeurs seulement contrôlent 90 % des produits de grande consommation. C'est ça l'économie de marché et la concurrence.

Régulièrement, les producteurs de lait, de porc ou de légumes, étranglés par le diktat de la grande distribution, manifestent leur exaspération en contemplant l'écart sidéral

20. Christian Jacquiau, « Racket dans la grande distribution à la française », in *Le Monde diplomatique*, décembre 2002.

qui sépare les prix auxquels on leur achète les produits et ceux auxquels on les vend.

Quant au sort des salariés, si l'on n'en est pas encore à la situation américaine, on ne peut pas dire qu'il soit bien rose. Carrefour, premier employeur privé de France a été touché par des grèves dures en 2005. Les employés, notamment les caissières, ont des salaires nets qui (d'après les syndicats) atteignent difficilement les 1 000 euros, temps partiel aidant. Carrefour, de son côté, annonce pour une caissière un revenu brut mensuel de... 1 617 euros, pour trente-cinq heures, treizième mois et primes comprises. De quoi se plaint-on ?

La distribution dispose d'un autre atout extraordinaire. Le fait d'avoir des entrées sous la forme liquide. Cet argent frais est une source importante de revenus supplémentaires. Comme le client paie comptant et les fournisseurs sont payés à terme (et à des échéances que l'entreprise gonfle à souhait), l'argent peut être utilisé dans l'intervalle.

La méthode la plus simple consiste à le placer sur le marché monétaire et toucher des intérêts juteux. Mais on peut mieux faire : se transformer soi-même en banque et faire crédit à ses clients. Les innombrables cartes de fidélité et de crédit (carte Pass chez Carrefour) permettent de capturer la clientèle, et en échange de quelques remises et autres avantages, de lui vendre des crédits (bien pratiques en fin de mois) à des taux tout simplement scandaleux (de 10,99 à 19,99 % pour la carte Pass). Ces crédits sont d'autant plus redoutables qu'ils touchent des ménages ayant du mal à boucler leur mois. Ainsi le malheureux qui attaque sa troisième semaine raide comme un radis pourra encore dépenser, à une condition : le faire dans le supermarché qui lui a donné la carte magique. Merci Carrefour.

Le hard discount. – À côté des grandes enseignes traditionnelles, la crise a fait naître une nouvelle filière de grande distribution : le hard discount.

Le hard discount est à la distribution ce que la pornographie est à l'érotisme. Ici pas de chichis, pas d'ambiance feutrée et de sous-entendus. On va vite à l'essentiel. Un seul but : vendre, et un seul atout : le prix.

On connaît la chaîne Lidl, numéro 1 dans le domaine, présente dans dix-sept pays et disposant de 1 370 magasins en France. Un chiffre d'affaires de 40 milliards d'euros en Europe. Un véritable massacreur de prix, inférieurs (d'après eux) de 30 % à ceux de la concurrence.

Pour atteindre un tel niveau d'excellence, les méthodes sont les suivantes : d'abord limiter le nombre d'employés (là aussi 30 % en moins que les autres). Deux personnes suffisent pour 1 000 mètres carrés. Ainsi que 800 euros mensuels pour vingt-huit heures hebdomadaires. Les employées sont bonnes à tout faire : caisse, mise en rayon, nettoyage. Les cadences sont infernales. La pause-repas dure exactement sept minutes pour sept heures de travail selon une convention spéciale d'entreprise. Les magasins sont contrôlés deux fois par semaine, et il vaut mieux qu'il n'y ait pas de feuille de salade qui traîne ou de rayon vide.

La présentation des produits est sommaire, le plus souvent ils ne sortent pas des cartons (à ouverture facile) qui ont servi au transport. Il n'y a pas de petite économie. La où le supermarché traditionnel fait dans la profusion, ici on fait dans la simplification : dix fois moins de produits sont proposés. Le slogan est spartiate : « un besoin, un produit ». On évite les grandes marques. Un tiers des produits sont étrangers ; la plupart sont « clonés » sur des produits standard.

Le processus de clonage est le suivant : on achète cinq produits, on les fait tester par le personnel (économies...), on choisit le meilleur et on lance un appel d'offres. Avec un impératif : faire aussi bien, mais moins cher. Souvent l'appel d'offres est remporté par le même fabriquant des produits standard. La différence se fait sur les quantités, sur l'emballage, le transport.

La grande distribution est donc incontournable lorsqu'on veut redonner des couleurs au pouvoir d'achat de la ménagère. On lui pardonne ses petites mesquineries et ses petites ruses, comme celle qui consiste à vendre des produits « en lots » plus chers que les mêmes produits vendus à l'unité... mais peut-on tout lui pardonner ?

Un monde d'objets sans qualités

De la production de masse à la distribution de masse, les marchandises que nous consommons subissent un double passage sous les fourches caudines de la rentabilité. Que reste-t-il de ces « biens » lorsqu'ils choient dans nos assiettes ?

Il est de bon ton de dire que « ce n'est plus ce que c'était », que les vraies saveurs, la qualité des choses se perdent. Mais est-ce seulement une figure imposée de nostalgie face au temps qui passe et au monde qui change ? Le doute est permis. Nous vivons dans des pays civilisés où il existe une loi, une presse libre, des partis d'opposition, des organismes de défense du consommateur. Mais quand même…

Il faudrait que l'on visite nos supermarchés lorsqu'on n'a pas de courses à faire. Lorsqu'on n'a besoin de rien. Comme ça, pour voir. Il faudrait même que nos écoles organisent des visites guidées de supermarchés. Ça serait moins dépaysant que des classes nature mais plus instructif. Plutôt que de leur montrer des films sur les chutes du Zambèze en leur disant que la nature est menacée, on devrait leur montrer comment on fabrique des steaks hachés et comment se diriger dans un supermarché, où ils passeront inévitablement plus de temps.

Une sorte d'éducation civique du consommateur.

Première leçon : lire la composition d'un produit. La loi a mis un peu d'ordre dans ce qui reste malgré tout une jungle. Profitons-en. Les composants d'un produit sont toujours classés par ordre d'importance. Dans les ingrédients des pâtes, on lit : « semoule de blé dur ». C'est clair, net et rassurant. On oublie seulement de dire que le blé dur a toutes les chances de venir du Canada, mais ne chipotons pas. Les choses sont souvent moins claires. Ainsi sur un paquet de cubes de « bouillon de poule » (Maggi, « bouillon de volaille », « fin en goût », c'est écrit dessus), on lit (dans l'ordre donc) ingrédients : sel, maltodextrine, exhausteurs de goût : glutamate, guanylate et inosinate de sodium. La poule vient ensuite : graisse de poule : 3,8 %, viande de poule : 1,8 %, ce qui nous fait en tout 5,6 % de poule.

Cela signifie que si on prépare le bouillon en suivant le mode d'emploi (2 tablettes de 10 grammes par litre d'eau), on aura exactement… 1,12 gramme de poule par litre de bouillon !

Avec une poule d'un kilo, monsieur Nestlé est capable de faire 892,8 litres de bouillon de poule. Bravo. On comprend pourquoi monsieur Nestlé est si riche.

Mais il y a mieux. L'œil distrait de la ménagère peut glisser entre deux types de tablettes de bouillon (restons dans ce domaine) pratiquement identiques, « bouillon de bœuf » dit l'une, « bouillon au bœuf » dit l'autre. La deuxième est moins chère. Quelle différence ? Elle est simple : dans la deuxième, *il n'y a pas de bœuf.*

Dans de nombreux produits, c'est comme ça qu'on fait baisser le prix : on enlève l'essentiel. Ainsi si on lit « goût chocolat » ou « boisson chocolatée », cela signifie qu'il n'y a pas de chocolat. Dans un pain d'épices premier prix, il n'y a pas de miel. « Nectar » signifie bourré de sucre. Un « Cocktail tropical » de jus de fruits contient essentiellement du jus de pomme…

Dans son numéro de septembre 2008, *60 millions de consommateurs* révèle comment certains super- et hypermarchés, surfant sur les préoccupations du moment, ont fait « baisser les prix ». Deux méthodes simples : en baissant les quantités contenues dans le même packaging ou en modifiant la composition selon la méthode bien connue. On remplace ce qui est cher par ce qui l'est moins.

Un autre ingrédient, non indiqué sur les produits frais, mérite une attention particulière, puisqu'il n'est pas cher du tout : l'eau. Avez-vous remarqué comment la viande rétrécit à la cuisson ? Avez-vous remarqué comment la charcuterie se rabougrit (et prend des couleurs d'aliment *déjà digéré*) lorsque, barquette ouverte, on l'oublie dans un coin du réfrigérateur ? Et les tomates, si présentes sur nos tables, avez-vous remarqué comment elles sont lourdes ? Lourdes de quoi ? D'eau. Un vrai miracle (pour les marges). Élevées sans terre, sans soleil (elles viennent souvent de Hollande), elles sont privées de tout, mais gavées d'eau.

Autre détail : la composition est souvent donnée en une parfaite langue de bois. En Europe, l'expression « arômes naturels » existe, mais pas l'expression « arômes artificiels » comme aux États-Unis. Elle est remplacée par un très sobre « arômes ». Le consommateur européen devra donc interpréter. D'autant plus qu'un arôme « naturel » ne veut pas dire qu'il vient du produit dont il est le messager olfactif : on peut très bien tirer un arôme de poulet rôti du… blé.

En France, on consomme 40 000 tonnes d'arômes par an. On estime que la production mondiale de fraises ne suffirait pas à aromatiser 5 % des produits « à la fraise » consommés aux États-Unis.

Les arômes ne servent pas seulement à donner du goût à quelque chose qui n'en a pas, ils servent aussi à « masquer » un goût inopportun. Dans ce domaine, les bêtes sont traitées comme des hommes : par exemple, les fameuses farines animales pour les bovins n'auraient jamais pu être proposées à nos amis ruminants sans quelques ruses aromatiques.

Aux arômes proprement dits, il faut ajouter quelque 100 000 tonnes de glutamate, un « exhausteur de goût ».

Un véritable best-seller (notamment dans la version glutamate monosodique GSM E 621) qui donne une appétissante odeur de viande grillée à tout et à n'importe quoi : des cacahuètes de l'apéritif aux pizzas industrielles ainsi qu'à un nombre incalculable de plats cuisinés.

Les arômes (même s'ils sont naturels) posent de graves problèmes aux industriels : par définition volatils, ils doivent être soumis à une triple procédure chimique : extraction d'abord, fixation sur un support ensuite (délicate parce que la plupart des arômes ne sont pas miscibles à l'eau), et enfin incorporation dans le produit. Il s'ensuit toute une chimie que nous n'avons pas les moyens de juger du point de vue de son impact physiologique. Dans ce domaine tout a été dit, surtout le pire. On ne peut que souligner l'inquiétude que soulève l'augmentation d'un certain nombre de maladies (cancers) ou de certains phénomènes comme la diminution des spermatozoïdes. L'alimentation et son cocktail indéchiffrable d'additifs sont de plus en plus soupçonnés d'en être responsables.

Il existe heureusement des produits pour lesquels la « composition » n'est pas nécessaire : les produits frais.

On peut dire ce qu'on veut des fruits et légumes qu'on trouve dans la grande distribution, mais, pardon, quelle allure ! C'est normal, tout est sacrifié à l'apparence. Qu'importent le goût, la fraîcheur, pourvu qu'on ait l'allure. On se retrouve ainsi à se casser les dents sur des pêches en bois dont la peau recèle les restes des quelque vingt traitements chimiques auxquels on les a soumises. Même dans la pomme, il n'y a pas que de la pomme…

Alors à quoi bon être scandalisé ? La loi est là qui protège les consommateurs. Admettons. Admettons que la loi soit bien faite et que les producteurs soient honnêtes. Admettons que l'accumulation et le mélange de ces substances chimiques ne soient pas dangereux. Pourtant les petites mesquineries de la marchandise tournent souvent à la catastrophe. De l'huile frelatée espagnole à la vache folle en passant par le fromage pourri « recyclé » en Italie et par le lait chinois enrichi à la mélamine, l'histoire de la consommation est ponctuée par des « accidents » qui ont tous un point commun. Les manipulations, fraudes et autres errements ne sont pas des déviances de notre modèle industriel, mais tout simplement des excès illicites. Il s'agit, encore et toujours, de gagner plus en dépensant moins. Seule la loi fixe les limites. Là où elle existe tout va bien, là où elle n'existe pas, tout est possible. Surtout le pire. Beaucoup de problèmes ont été réglés. D'autres restent en suspens.

Alors, qu'en est-il des hormones de croissance, toujours autorisées dans l'élevage aux États-Unis ? Qu'en est-il du lavage à l'eau de Javel des… poulets, récemment autorisé dans ce pays ?

Les farines animales ont été interdites dans l'alimentation des bovins. Mais qu'en fait-on aujourd'hui ? Comment sont nourris les poissons d'élevage ? Dans nos pays, en croisant les doigts, ça doit être surveillé, mais dans les pays du tiers-monde ? Comment sont nourries et élevées les appétissantes crevettes du Vietnam ou de Thaïlande ?

Il reste quand même un problème. Le problème est que nous sommes de plus en plus exposés à des leurres, que nous vivons au milieu d'une tromperie érigée en système de production. Alors ? Ce n'est probablement pas grave : le mensonge n'est pas cancérigène.

CHAPITRE 3

La ménagère entre Charybde et Scylla

Si les délires de la finance ont plongé le monde dans la crise, les soucis de la ménagère eux, n'ont guère changé. S'ils sont soudainement passés au deuxième plan, ils n'en restent pas moins présents. Et ils ne peuvent que s'aggraver.

Si la dégradation du pouvoir d'achat laisse perplexe la ménagère, elle devrait surtout lui suggérer de réfléchir un peu à son mode de consommation, façonné depuis des décennies par l'hégémonie des systèmes de distribution et de communication.

Tel Ulysse entre Charybde et Scylla, la ménagère doit naviguer entre deux écueils : son revenu et la marchandise.

Misère du pouvoir d'achat

Il y a quelque chose de pourri dans le royaume de la statistique. On s'en doutait un peu, mais depuis quelque temps c'est une certitude.

Selon l'Insee, le pouvoir d'achat a augmenté de 3,3 % en 2007 et de 2,6 en 2006. « L'impression d'un appauvrissement relatif des ménages, s'il peut être avéré pour certaines parties de la population, n'est pas corroborée par les chiffres macroéconomiques des dernières années[21]. »

La ménagère effectivement ne sent pas cette impression corroborée : « Rapportée au nombre d'unités de consommation, ce qui permet de tenir compte de l'évolution du nombre de ménages et de leur composition, la hausse du pouvoir d'achat s'est élevée à + 2,4 % en 2007 après + 1,7 % en 2006[22]. »

Tiens donc. Et si on tenait compte de la réalité ?

Le pouvoir d'achat est une grandeur macroéconomique. Il s'agit en réalité du « pouvoir d'achat du revenu disponible brut ». Le RDB c'est ce qui reste du revenu une fois déduits les prélèvements fiscaux et sociaux. Le « revenu brut » comprend les revenus d'activité (salaires ou bénéfices), les revenus du patrimoine (dividendes, intérêts, loyers) et les prestations sociales. Le tout est mélangé distraitement. Le RDB est amputé des impôts et cotisations. Enfin on enlève le taux d'inflation.

Le « pouvoir d'achat » n'est donc pas une moyenne ; pour en avoir une, il faut calculer le pouvoir d'achat « par unité de consommation », car le nombre et la composition des ménages changent dans le temps. Avec une augmentation régulière des « ménages » composés d'une seule personne.

---

21. Véronique Tison, www.boursier.com.

22. *Le Point*, 12 juin 2008.

Ce qui est sûr c'est que ces chiffres semblent venir d'un autre monde. Qu'il y ait un problème, c'est évident. Et quand il y a problème, il y a une commission.

Le rapport de la commission « Mesure du pouvoir d'achat des ménages » de février 2008 tente une explication du décalage entre les chiffres officiels et le « ressenti » des ménages. On y apprend, entre autres choses :

• Que la hausse des prix des achats courants est plus ressentie que les baisses sur des biens durables d'équipement.

• Que le développement du low cost, des packages de services brouille les repères.

• Que les produits de nouvelle technologie génèrent un sentiment de frustration.

• Que les effets qualité (produits plus chers mais de meilleure qualité) sont difficiles à prendre en compte. Lorsque les téléviseurs à écran plat remplacent les postes à tube cathodique, les prix augmentent mais pour l'Insee, il ne s'agit pas du même produit, donc quand on passe de l'un à l'autre, c'est le « volume » de la consommation qui augmente, pas les prix...

• Qu'il existe une différence de pondération entre revenus salariaux et autres revenus, ceux du patrimoine notamment.

En définitive, la commission estime que les indices sont de qualité, mais que ce qui est en cause ce n'est pas la « qualité technique de confection des indicateurs, mais leur champ de validité » *(sic)*.

Un problème majeur est celui de la diversification des situations, des disparités d'emploi, de rémunération, mais aussi des modes de consommation. Par le développement notamment des contrats et autres abonnements (téléphone portable, Internet, etc.).

On en vient inévitablement à se poser la question « Quel sens donner à une moyenne ? », comme se demandent candidement les rapporteurs. La moyenne est cette technique qui consiste à dire qu'un homme qui a les pieds dans le four et la tête dans le congélateur « est, en moyenne, à la bonne température ». Par les temps d'inégalités croissantes que nous traversons, la moyenne est une valeur en perte de vitesse. Les rapporteurs le savent : « Les revenus d'activité ont progressé moins vite que les revenus du patrimoine et les revenus salariaux ont augmenté de manière très inégale selon les individus. »

C'est probablement là que le bât blesse. Le problème majeur avec les moyennes, c'est qu'elles prennent mal en compte les… inégalités ! Or, s'il existe quelque chose d'incontestable, c'est bien que les inégalités se creusent.

La commission conclut sa réflexion par quatre recommandations :

1. La publication (à côté de l'actuel « pouvoir d'achat des ménages » qui a une dimension « globale ») d'un indice de « pouvoir d'achat par unité de consommation » (« pouvoir d'achat des familles »). Avec ce nouvel indice, la hausse pour 2006 passerait de + 2,6 à + 1,4 %. On progresse.

2. Publier des mesures de la disparité du pouvoir d'achat (par déciles, par catégories socioprofessionnelles, par types de familles).

3. Publier un indicateur des dépenses préengagées (abonnements, contrats, assurances, etc., « nécessaires pour leur survie ou leur travail ») et de « revenu libéré ». « La part de dépenses contraintes est d'autant plus forte que le revenu est faible », notamment à cause des loyers.

Cet indicateur est d'autant plus important que les dépenses préengagées ont explosé passant de 13 % en 1959 à 29 % en 2006. C'est probablement cet argent « préconsommé » qui manque le plus dans le « pouvoir d'achat perçu » des ménages. Cela incite à réfléchir sur les nouvelles méthodes de commercialisation en vogue actuellement où on vous « vend » un téléphone portable à 1 euro et l'abonnement qui va avec (et qui coûtera une fortune, mois après mois).

4. Opérer une meilleure prise en compte du logement. Le logement élément du « patrimoine » ne fait pas partie de la sphère de la consommation et n'intervient pas dans le calcul. Intégrer donc le remboursement d'emprunts dans les dépenses préengagées et tenir compte du coût des logements neufs.

Ainsi on redimensionne l'évolution du pouvoir d'achat. D'un indice global qui passait de 100 en 1990 à 139 en 2006, on tombe à un indice de « pouvoir d'achat libéré par unité de consommation » qui passe de 100 à 118 pour les mêmes dates.

Selon *60 millions de consommateurs*, entre juin 2005 et juin 2006, la hausse réelle du pouvoir d'achat a été de... 21 euros. De quoi faire la fête.

Mais au-delà de ces complications techniques, le rapport touche un point sensible.

En réalité, le sentiment de dégradation du pouvoir d'achat est le reflet du « sentiment diffus d'une dégradation de la qualité de la vie – du “bien-être” –, liée à la montée de l'insécurité professionnelle, du stress au travail, des inquiétudes sur les conséquences sanitaires et environnementales de nos modes de vie[23] ».

Et le rapport de conseiller la construction « d'indicateurs de qualité de vie et de bien-être », ce qui va tout à fait dans le sens des préoccupations du président Sarkozy. « Les Français n'en peuvent plus de l'écart grandissant entre des statistiques qui affichent un progrès continu et des difficultés croissantes qu'ils éprouvent dans leur vie quotidienne[24]. »

Nous en reparlerons plus loin…

Le « vouloir d'achat » et les subtilités métaphysiques de la marchandise

Face à la décrue du pouvoir d'achat de la ménagère se dresse la marchandise.

Il n'est guère difficile de définir la marchandise : c'est l'ensemble des biens et des services qui ont la capacité de satisfaire des besoins et que l'on acquiert contre le paiement d'un prix. Rien de plus simple à première vue. Mais la marchandise est un drôle de serpent de mer. On peut facilement la saisir par les deux bouts : à une extrémité se tient le *besoin*, à l'autre le *prix*. Mais entre les deux, il y a assez de place pour contenir le monde, et sa banlieue.

---

23. Rapport de la commission « Mesure du pouvoir d'achat des ménages », février 2008, p. 321.

24. Nicolas Sarkozy, conférence de presse, janvier 2008.

« La richesse des sociétés dans lesquelles règne le mode de production capitaliste s'annonce comme une immense accumulation de marchandises[25]. » C'est par cette simple constatation que Karl Marx commençait *Le Capital* en 1867. Aujourd'hui, après un siècle et demi de croissance, il serait difficile d'en faire une autre, plus pertinente.

Elle est bien là notre richesse. Cette abondance extraordinaire qui fait que nous mangeons à notre faim, nous habillons chaudement, nous cultivons, nous distrayons.

Le problème, comme le souligne Marx, est que la marchandise est « une chose très complexe, pleine de subtilités métaphysiques et d'arguties théologiques »...

« Objets inanimés, avez-vous donc une âme ? » Le besoin est un état de manque, un signal d'alarme que notre corps (ou notre esprit) nous lance pour nous pousser à agir. Le problème, avec les besoins, c'est qu'ils sont inépuisables. Il existe au moins deux familles de besoins : les besoins physiques et les besoins « sociaux ». Marx considérait que les besoins étaient des créations sociales. Les économistes actuels pensent que les besoins sont infinis. L'homme est un puits de besoins sans fond. Cet axiome leur permet de considérer que toute marchandise est légitime... Dès lors, la publicité se contente de « révéler » les besoins, de suggérer des manières de les satisfaire. Elle peut même être, selon bon nombre d'économistes, considérée comme une information. Rien de plus.

---

25. Karl Marx, *Le Capital*, Folio Gallimard, 2008.

Regardez autour de vous : voyez-vous quelque chose d'autre que cette « immense accumulation » ? Voyez-vous quelque chose au-delà ?

Maintenant, regardez *en vous* : sincèrement, et posez-vous la même question.

La marchandise n'a pas seulement envahi le monde ; elle ne déborde pas seulement des vitrines de nos villes et des chariots qu'on pousse péniblement des hypermarchés au coffre de nos voitures. Elle s'est installée dans nos vies comme en territoire conquis. Elle nous possède, nous gouverne, nous tyrannise.

Le « vouloir d'achat », charmant néologisme, c'est ça. Marx l'appelait le *fétichisme de la marchandise.*

Exactement un siècle après Marx, en 1967 donc, Debord commençait par cette paraphrase un ouvrage que quelques jeunes gens allaient fiévreusement lire avant le printemps suivant : « Toute la vie des sociétés dans lesquelles règnent les conditions modernes de production s'annonce comme une immense accumulation de *spectacles.* Tout ce qui était directement vécu s'est éloigné dans une représentation[26]. »

Il y a dans la correspondance entre ces deux *incipit* le fil d'Ariane du développement de nos sociétés, et si l'aspect prémonitoire de la phrase de Marx n'est apparu que bien longtemps après qu'elle a été écrite (en 1850 la moitié du budget alimentaire d'un ouvrier parisien était consacré à l'achat de pain), la constatation que contient celle de Debord semble depuis longtemps d'une banalité affligeante.

---

26. Guy Debord, *La Société du spectacle,* Gallimard, 1996.

La « marchandise » de Marx est donc métamorphosée en « spectacle ». Voyons donc de quoi il s'agit.

Qu'après la religion, la marchandise soit devenue l'opium des peuples, voilà une hypothèse qu'il faut envisager avec courage.

Il y a dans la « marchandise » de Marx une matérialité incontournable, tout comme il y a dans le « spectacle » de Debord l'évidence d'une dématérialisation et l'excroissance des « subtilités métaphysiques ». Voilà une première indication. À l'accumulation de biens matériels, propres, du moins comme *perspective* au capitalisme du XIXe, succède la prépondérance de biens immatériels et notamment de services du capitalisme de la fin du XXe.

En changeant de production de base, le capitalisme a aussi changé de nature. Si Marx a analysé le capitalisme industriel, Debord, lui, a fait un portrait jusqu'à présent inégalé de ce que certains appellent « la société postindustrielle » ou « la société de communication » voire même « la mondialisation ».

Or, si le capitalisme change de nature, il n'en demeure pas moins égal à lui-même. Tout simplement, sa nature c'est *d'en changer* pour se développer et se parfaire.

On a vu quelles ont été ses métamorphoses récentes. Mais sa nature profonde, son essence, est inextricablement liée à la marchandise. « Le spectacle est le moment où la marchandise est parvenue à l'occupation totale de la vie sociale. Non seulement le rapport à la marchandise est visible, mais on ne voit plus que lui : le monde que l'on voit est son monde[27]. »

Le « spectacle » est d'abord celui dont parlait le « gourou de la distribution » Trujillo, le tintamarre qui doit accompagner la marchandise. La publicité. Parler de publicité dans un monde où l'on n'entend plus qu'elle est risqué.

Un des phénomènes les plus pervers de ces dernières décennies est l'étrange complicité qui s'est instaurée entre la publicité et son public. La méfiance, ou l'aversion vis-à-vis de la publicité portée par 1968 n'a pas survécu aux années soixante-dix. Si on exclut quelques mouvements marginaux, l'opinion commune voit désormais la publicité avec une désinvolture cynique. « On se moque de nous ? » ; « Oui, mais c'est tellement drôle. » Dans un monde où la célébrité, l'exposition médiatique sont des valeurs montantes, la publicité est devenue une sorte d'institution remarquable avec ses « mythes » et ses « légendes ». La révolution s'est produite dans les années quatre-vingt (vous souvenez-vous de La Nuit des Publivores ?) avec d'autres. Les années de la revanche du libéralisme ne pouvaient être que celles de la revanche de la marchandise et de ses hussards : la publicité et le marketing.

Ce qu'il faut souligner en même temps que leur omniprésence, c'est la force ahurissante qu'est devenue la leur grâce aux progrès extraordinaires que ces disciplines ont accomplis. « M. Hill voulait qu'il y ait de plus en plus de femmes à fumer des Lucky Strike. Les enquêtes montraient que si

27. Guy Debord, *La Société du spectacle, op. cit.*

les ventes baissaient, c'était parce que la couleur verte des paquets jurait avec la mode féminine. Je suggérai de changer la couleur des paquets. M. Hill prit ça très mal. Je proposai alors d'essayer de faire du vert la couleur féminine à la mode. Cela nous demanda une année de travail. Et le vert devint la couleur à la mode[28]. »

La publicité a intégré les leçons d'un siècle de psychologie, de sociologie, de sémiologie et d'histoire de l'art. Dans ses formes, elle sait aussi bien être romantique, surréaliste, futuriste. Elle maîtrise tous les arcanes de l'esthétique, de la rhétorique. Elle a aussi un je-ne-sais-quoi de mussolinien (voir de riefenstahlien) dans sa mise en scène du bonheur ou de l'exaltation du corps.

Le marketing a exploré les voies infinies de l'art de la guerre (*warfare marketing* ou *marketing de combat*), a mis à contribution les sens (*marketing sensoriel*), la géographie, l'urbanisme (Vélib !) ; il a transformé Internet en quelques années en une redoutable machine à vendre. Parmi les avancées récentes de cette discipline, il en est une qui montre bien quelles sont ses ambitions et à quel point elle peut puiser dans les progrès de la science pour se parfaire.

Le « neuromarketing » est l'utilisation des techniques modernes des neurosciences et de l'imagerie médicale, pour l'étude des réactions du cerveau à des stimuli extérieurs, pour mieux comprendre l'acte d'achat et en tirer les conséquences. La discipline, qui en est à ses balbutiements, laisse envisager les perspectives les plus enthousiasmantes.

28. Edward L. Bernays, *The Business History Review*, automne 1971, cité par John Kenneth Galbraith dans *La Science économique et l'intérêt général*, Gallimard, 1973.

On n'aura plus besoin de s'adresser à l'intelligence ou à l'inconscient de l'acheteur. On parlera directement à son cerveau. Notamment à sa partie reptilienne, le cerveau des batraciens.

Si la publicité, sous sa forme massive, notamment télévisuelle peut être considérée comme l'artillerie lourde de la marchandise (la télévision est le meilleur vecteur car elle n'exige « le moindre effort, la moindre instruction, ni la moindre capacité intellectuelle[29] », celle-ci dispose également de bataillons de hussards déchaînés, spécialisés dans le travail de harcèlement, de sape, de pénétration). Véritables commandos du triomphe universel de la marchandise, voilà les spécialistes, les professionnels de la niche, du créneau, de la prise par l'intérieur de tout bunker.

Presse magazine spécialisée, chaînes thématiques de télévision ou de radio, sites Internet *ad nauseam*, ces bataillons du génie consumériste œuvrent en territoire conquis et font des ravages : décoration, cuisine, voyages, modélisme, brocante, musique, pas le moindre petit espace de l'activité et des passions humaines n'est oublié.

Le consommateur ayant le malheur d'avoir un intérêt prononcé pour tel ou tel domaine est passé au crible, sondé, retourné comme une chaussette et dirigé de main de maître vers une consommation ahurissante, ou l'hyperbole tient lieu de retenue et le délire de calcul rationnel.

La publicité ambitionne de devenir « le metteur en scène de notre quotidien[30] ». Pour se hisser à ce rang, elle doit

29. John Kenneth Galbraith, *ibidem*.

30. Jacques Séguéla, *Fils de pub*, Flammarion, 1992.

changer en permanence. Comme tout produit de mode, elle se démode vite. On a eu la « star stratégie » de Jacques Séguéla, puis la « disruption » de Jean-Marie Dru. Depuis quelque temps, elle a voulu se faire porteuse de valeurs. L'écologie, bien sûr, mais également le « politiquement correct ».

On a désormais, des « petites leçons de morales pesantes, on élabore des spots de sous-propagande, une bouillie de bons sentiments si indigeste[31] [...] ».

Mais si la publicité change, elle reste toujours au cœur de l'économie. L'ancienne comme la nouvelle. C'est elle qui fait vivre la presse ; comptez les journaux sans pub (vous n'avez besoin que de deux doigts) ; c'est elle qui fait vivre la télévision ; c'est elle qui a transformé Internet en mine d'or. C'est elle qui a construit les bases de la puissance planétaire des entreprises.

La publicité doit être même plus importante que la recherche puisque les industries pharmaceutiques dépensent plus en marketing qu'en recherche.

D'après Richard Smith (rédacteur en chef du *British Medical Journal*), les revues médicales sont l'extension du service marketing de l'industrie pharmaceutique. Il faut que le gouvernement publie des listes de déremboursements pour que l'on apprenne que le médicament que notre médecin de famille nous prescrit depuis des décennies est officiellement considéré comme « n'ayant pas fait preuve d'efficacité ». Les laboratoires pharmaceutiques, eux, ont prouvé la leur...

31. Marc Drillech, in *Stratégies*, n° 1506, juin 2008.

Qu'on ne se trompe pas : la publicité est un outil de combat. « Le spectacle est une guerre de l'opium permanente pour faire accepter l'identification des biens aux marchandises et de la satisfaction à la survie. [...] Mais si la survie consommable est quelque chose qui doit augmenter toujours, c'est parce qu'elle ne cesse de contenir la privation. S'il n'y a aucun point où elle pourrait cesser sa croissance, c'est parce qu'elle n'est pas au-delà de la privation, mais parce qu'elle est la privation devenue plus riche[32]. »

La « survie » cela pourrait bien être la sur-vie : la surconsommation, la sur-abondance, le sur-poids, l'obésité. Plus on consomme plus on est *riche de privation*. Ce qu'on achète, à partir d'un certain niveau, c'est de la frustration. Cette enflure, cette exagération n'est pas dans la nature de l'homme, mais bien dans celle de la publicité.

« Je ne connais pas de plus belle courbe que celle de la progression des ventes », disait Raymond Loewy. Vendre. *What else ?*

Que d'eau !

Une des plus belles réussites, peut-être la plus belle, du marketing est d'avoir transformé un bien précieux, mais abondant et pas cher, en une marchandise incontournable, trônant en quantité dans le caddie de la ménagère.

32. Guy Debord, *La Société du spectacle*, *op. cit.*

Qui a eu cette brillante idée ? On vendait déjà de l'eau minérale à Paris dans les années 1850, mais c'est Antoine Riboud qui a introduit Évian dans le circuit de la grande distribution, pour trouver, entre autres, de nouveaux débouchés à ses usines de fabrication de verre. Toujours est-il que l'eau « minérale » s'est d'abord imposée comme un produit paramédical transposé dans les villes, porteuse de ce « bien-être » qu'étaient censées dispenser les villes d'eau (Évian, Spa…) qui étaient autant de lieux de rencontre de la bonne société et probablement le premier lieu de « loisir » au XIXe siècle. Plus tard, on en a fait un produit destiné aux biberons des bébés, et enfin une sorte de produit de beauté dont les bienfaits « à l'intérieur » se voyaient à « l'extérieur ». Certaines sont présentées comme un signe extérieur de richesse, de mode de vie (Perrier c'est fou !) puis, avec l'« eau de source », un produit élémentaire d'une vie saine.

La vulgate médicalo-hygiéniste s'est emparée de la chose avec des conseils du type « boire 1,5 litre d'eau par jour ». C'est donc au nom d'une vie saine et simple qu'on a préféré à l'eau du robinet l'eau embouteillée, transportée et tellement plus chère.

Avec la baisse du pouvoir d'achat, la consommation d'eau a subi une modification sensible. De l'eau minérale, décidément trop chère, on est passé à l'eau de source, qui n'a plus aucune qualité « minérale » mais qui garde l'image de pureté, et enfin à ce qu'on pourrait appeler l'eau « synthétique » (Nestlé Aquarel), eau de source(s) qui peut être déminéralisée, reminéralisée à souhait.

C'est ainsi qu'on arrive à en consommer 25 milliards de litres par an en Europe et 34 milliards de litres aux États-Unis. Pour un chiffre d'affaires qui se compte en dizaines de milliards de dollars. C'est ainsi qu'on fait des best-sellers planétaires : en France d'après LSA, dans les produits les plus vendus (en chiffre d'affaires) en hypermarché, figurent au troisième rang l'eau Cristalline et au cinquième l'eau d'Évian. En volume, Cristalline se place première au hit-parade des caddies devant Coca-Cola et le lait...

Au profit de qui ? Des inévitables géants de l'agroalimentaire. Nestlé Waters est le leader mondial du marché avec une part de presque 20 %, un chiffre d'affaires de 6 milliards d'euros et une panoplie de 72 marques dont Vittel, Contrex, San Pellegrino, Pure Life.

Ces derniers temps, les gestionnaires de l'eau du robinet (Veolia en tête) ont essayé de répondre aux excès de la consommation d'eau en bouteille. Avec des résultats positifs puisque la consommation baisse. Le syndicat des « producteurs » d'eau minérale en bouteille a lancé une véritable campagne de dénigrement de l'eau du robinet.

Cristalline n'y est pas allée par quatre chemins avec une affiche (« je ne bois pas l'eau que j'utilise »), mettant en scène une cuvette de WC, sous-entendant que l'eau du robinet n'est bonne que pour la chasse d'eau.

La « subtilité métaphysique » de l'eau est probablement dans sa transparence, sa pureté. Lieu idéal de toutes les phobies et de toutes les craintes. L'empoisonnement auquel nous soumet l'industrie moderne se devait bien d'avoir un sanctuaire. C'est de cette pureté que l'eau en bouteille tire sa valeur. « L'eau étant incolore, inodore, et sans saveur, la publicité peut façonner son âme, et c'est là où la publicité agit le mieux[33]. »

Probablement le vacarme médiatique sur l'eau « bien en voie de raréfaction » a joué et joue encore un rôle ; c'est la toile de fond des grandes campagnes des marchands d'eau.

On retrouve ici un des caractères saillants de l'hypercapitalisme, la preuve de son génie : sa capacité à se nourrir des dégâts qu'il crée. Empoisonner les nappes phréatiques et vendre de l'eau pure. Les régions françaises où l'on boit le plus d'eau minérale sont celles où l'agriculture industrielle fait le plus de dégâts (Nord, Picardie, Bretagne).

Toujours est-il que l'eau en bouteille est un bel exemple de gaspillage. Sur les quelque 25 milliards de bouteilles consommées par an aux États-Unis, un quart seulement, selon les sources les plus optimistes, sont recyclées. Dont 40 % en… Chine.

Dix-sept millions de barils de pétrole sont nécessaires pour la fabrication de l'eau en bouteille[34]. Si on y ajoute le transport et la réfrigération, il faut pour chaque bouteille bue l'équivalent d'un quart de son contenu en pétrole.

Non, direz-vous. La situation n'est pas si noire.

Bien sûr, certains se laissent prendre aux filets des biens matériels, et ne pensent qu'à la nouvelle voiture qu'ils vont bientôt acheter ou se complaisent en mitraillant leur quotidien avec leur appareil numérique dernière génération.

33. Jacques Séguéla, cité sur le site www.tsr.ch.

34. *Le Temps*, 22 juin 2008.

Bien sûr, nos enfants exagèrent en demandant un téléphone portable avant même de savoir parler, mais quand même, il y a autre chose dans la vie : l'amour, les amis... Dieu lui-même fait un retour fracassant.

Vous avez raison. Il y a *encore* autre chose dans la vie.

Mais la ménagère, elle, se sent *déjà* une marchandise. Son prix est inscrit en bas à droite de ce bout de papier qu'elle reçoit à la fin de chaque mois.

Deuxième partie

Le salaire et la peur, ou le prix des hommes

La catastrophe qui s'est déclarée en octobre 2008 n'est pas le résultat des seuls errements de la finance. Le krach boursier et son cortège de faillites ne sont que la pointe émergée de l'iceberg qu'est le système hypercapitaliste actuel. Cet iceberg n'a subi jusqu'à présent que partiellement les effets du réchauffement financier ; dans les profondeurs, il reste identique à lui-même.

La crise actuelle n'est pas un accident historique, mais le produit inévitable d'un système qui l'a méticuleusement préparée depuis un quart de siècle. C'est le produit d'une économie qui a poussé l'imprévoyance jusqu'à croire qu'elle pouvait se nourrir indéfiniment de ses méfaits. Comme Chronos dévorant ses enfants. Créer de la pauvreté et prospérer sur le dos des pauvres.

Le problème du « pouvoir d'achat » vient de là. Car l'autre face de la planète finance, c'est le destin que l'on a réservé aux hommes et au revenu de leur travail.

Chapitre 4

L'épineuse question de la valeur du travail

Lorsque l'actualité devient inquiétante, la sagesse invite à regarder l'Histoire. L'Histoire est toujours bonne conseillère.

Brève histoire de la sueur

À l'aurore de la science économique moderne, une idée s'est imposée à Adam Smith et David Ricardo, une idée révolutionnaire : la seule source de la valeur et de la richesse, c'est le travail.

Cette idée rejette les croyances des premiers économistes qui voyaient dans l'or ou dans la terre la seule forme ou la seule source de richesse. Marx ayant repris cette idée et l'ayant transformée en arme contre la société bourgeoise, les économistes du XIXe siècle ont évacué le problème de la valeur, trop métaphysique et trop dangereux, et se sont posé le problème en termes d'utilité et de prix. Peu importe quelle est la valeur des choses : ce qui importe est quelle est leur utilité (les avantages qu'on peut en tirer) et surtout quel est leur prix, c'est-à-dire leur coût.

Ainsi, par une révolution silencieuse, le travail est devenu une marchandise comme une autre. Alors que la religion et le socialisme chantaient encore les louanges du travail comme valeur, l'économie industrielle ne voyait plus le travail que sous l'angle de deux questions très terre à terre : Qu'est-ce que ça coûte ? Qu'est-ce que ça rapporte ?

Deux siècles de révolutions industrielles et de conflits sociaux ont tracé une histoire bien sinueuse pour le travail et les salaires.

Jusqu'à la moitié du XIXe siècle, les salaires sont restés bas et ont même ultérieurement baissé avec l'arrivée des premières machines, comme le prévoyait Ricardo. Dans la deuxième moitié du siècle, l'apparition et le développement du syndicalisme et des luttes sociales ont infléchi cette tendance. Les premières réglementations viennent limiter le travail des enfants, véritable fléau. À cheval entre le XIXe et XXe siècle, le monde du travail industriel se scinde en deux : d'un côté les travailleurs non qualifiés continuent d'avoir des salaires bas, de l'autre les ouvriers de métier occupent une place privilégiée avec des salaires relativement élevés et un contrôle important sur les processus de production.

C'est cette situation qui a poussé l'ingénieur Frederick Taylor à inventer, aux États-Unis, l'« organisation scientifique du travail » ou OST. La métamorphose du travail qui s'ensuit laisse une empreinte indélébile jusqu'à aujourd'hui.

La tâche de Taylor était d'éliminer le travail qualifié tout en baissant le coût. OST signifie avant tout division du travail : les tâches complexes sont éclatées en tâches simples pour pouvoir être réalisées par des ouvriers non qualifiés, nombreux aux États-Unis (les autres restaient en Europe). Cela sous-entend l'arrivée dans les ateliers des ingénieurs et contremaîtres qui désormais maîtrisent totalement le mode de production et l'organisation du travail. Taylor met fin à la « flânerie des ouvriers », qui l'avait tant choqué ; la « flânerie » était en réalité le temps que les ouvriers consacraient à la conception de leur tâche. À la réflexion. En l'éliminant, la productivité a fait un grand bond en avant.

Henry Ford, avec l'invention de la chaîne mobile et de la standardisation des pièces et des produits, parachève l'œuvre de Taylor et impulse de nouveau la productivité. Les salaires n'augmentent pas malgré l'explosion de la productivité. L'histoire des « cinq dollars par jour » que Ford aurait octroyés à ses ouvriers pour qu'ils puissent acheter eux-mêmes des voitures (ou autre chose) est une pure légende. Ford a bien augmenté les salaires, mais parce qu'il n'arrivait pas à garder ses ouvriers qui fuyaient le travail à la chaîne bien plus harassant que le travail traditionnel.

Le fordisme et le taylorisme sont fondés sur un évident mépris du travail et des travailleurs. « Le travail tel que je le conçois, un singe moyennement intelligent peut le réaliser », disait Taylor, probablement avec fierté. Taylorisme et fordisme ont sans doute beaucoup fait pour l'augmentation de la productivité, mais ils ont durablement transformé le travail et l'ont condamné à rester une activité harassante et abêtissante pendant longtemps.

Les salaires dans les années vingt sont restés bas. C'est ce qui, selon bon nombre d'économistes, dont Keynes, est la cause fondamentale de la crise de 1929. Crise de sous-consommation car la production amplifiée par les nouvelles méthodes de production ne trouvait pas de débouchés.

La crise de 1929 et la Seconde Guerre mondiale opèrent la grande rupture dans l'histoire des salaires.

La pensée keynésienne s'impose : des salaires relativement importants sont nécessaires pour faire de la demande le moteur de l'économie. À la Libération, la philosophie politique des vainqueurs (communistes, socialistes, démocrates-chrétiens ou gaullistes) débouche sur la création de systèmes de protection sociale et de solidarité qui constituent un véritable « salaire social » alimenté par le système des assurances sociales (chômage, vieillesse, maladie, familiales).

Ces revenus de solidarité additionnés au salaire, lui-même soutenu par le smig (créé en 1950), donnent un pouvoir d'achat qui permet l'éclosion de la consommation de masse pendant les « trente glorieuses ».

Pendant les années cinquante-soixante, les salaires augmentent mais moins que la productivité qui explose littéralement. Par ailleurs, le travail à la chaîne n'est pas devenu moins harassant, au contraire. Le fordisme qui se généralise en écarte de plus en plus toute forme d'intérêt et de plaisir. Personne ne songe à le critiquer, d'autant plus qu'il est adopté aussi dans les pays « socialistes ». Le fordisme est accepté parce qu'il donne accès aux délices de la consommation, mais il a durablement façonné l'attitude de l'immense majorité des gens vis-à-vis du travail. Si le travail ne peut être que pénible, qu'il soit au moins bien rémunéré et qu'il dure le moins possible. C'est ce type de revendications qui donne lieu aux grandes grèves de 1968-1969 et aux mouvements sociaux ultérieurs.

Par les accords de Grenelle, gouvernement et patronat, craignant le pire en pleine tempête sociale, lâchent des hausses spectaculaires : 30 % pour le smig (qui devient smic en 1970). Les autres salaires suivent.

De 1968 à la crise mondiale, le rapport de force est favorable au monde du travail. André Gorz résume ainsi cette période : « Les peuples et les entreprises étaient devenus ingouvernables, les marchés étaient saturés, les salaires explosaient, les profits s'effondraient, la croissance se heurtait à des limites physiques. L'argent n'était plus le roi, le capital n'était plus maître dans les usines ni les gouvernements maîtres de la rue[35]. »

Tandis qu'Alain Minc se demande : « Le communisme salarial, ou au moins le socialisme salarial, se serait-il accompli entre 1970 et 1980 sous Pompidou et Giscard d'Estaing ? » Ce qui est sûr, c'est que « Mai 68 est passé par là qui a donné de saintes frayeurs aux classes dirigeantes[36] ».

Pour les classes dirigeantes, ce sont effectivement des années noires. Qui en rappellent d'autres : 1936 ou celles qui ont accompagné les grandes grèves de 1919-1921 en Europe, notamment en Italie. Dans un petit livre au titre prémonitoire, le syndicaliste Luigi Fabbri affirmait : « La

35. André Gorz, in *Le Monde*, 8 octobre 1996.

36. Alain Minc, *L'Argent fou*, Grasset, 1990.

bourgeoisie nous fera payer des larmes de sang pour la peur qu'elle a connue[37]. »

États et entreprises sont obligés de céder ; mais le mal lui-même va créer une planche de salut inespérée : l'inflation.

L'inflation, que Milton Friedman a comparée à l'alcool ou à la drogue, apporte une multitude de bienfaits à court terme : les salaires augmentent, comme augmentent le chiffre d'affaires des entreprises et les entrées fiscales de l'État. Cela crée une sorte d'euphorie qui s'achève par un retour sur terre douloureux. Quand l'effet euphorisant passe, il reste un pouvoir d'achat réel amputé, des profits en chute libre et des comptes publics en déficit.

Mais le pire est que l'inflation dévore le capital comme la cirrhose dévore le foie. La « sainte frayeur » c'est de voir la qualité première du capital, sa tenue dans le temps, s'effilocher. C'est de voir le capital filer entre les doigts comme du sable fin.

Depuis trente ans, les puissants du monde n'ont eu qu'un objectif : en restaurer la valeur et en assurer la primauté.

Travail trop cher

La « révolution conservatrice » de Thatcher et Reagan fut la réaction à cet état de fait. Nous vivons depuis dans le sillage de cet événement majeur, et nous ne sommes pas près d'en sortir.

37. Luigi Fabbri, *La Contre-révolution préventive*, 1922.

La guerre s'est jouée en quelques batailles violentes : grève de mineurs en Angleterre, des aiguilleurs du ciel aux États-Unis. En quelques offensives, la droite libérale a mis en déroute syndicats, partis de gauche et partisans d'un capitalisme du bien-être partagé.

En France, où rien ne se passe jamais comme ailleurs, c'est la gauche qui a enterré la gauche. La rupture de 1983, qui se présente comme un simple changement de stratégie (on lutte désormais prioritairement contre l'inflation), ouvre la voie à une longue série de reculades et d'aggiornamentos qui vont de Bernard Tapie ministre à Maastricht, en passant par les privatisations. Tout au plus a-t-elle donné quelques preuves de sa bonne foi socialiste par quelques réformes symboliques : retraite à 60 ans, trente-cinq heures, impôt sur la fortune. Quitte à s'en mordre les doigts.

La tâche à laquelle se sont attaqués les gouvernements et entreprises du monde occidental dans les années quatre-vingt fut véritablement colossale. Il s'agissait de défaire un modèle économique et social qui avait épuisé ses ressources pendant la grande croissance et qui avait porté le capitalisme au bord de la faillite. Ce système était fondé sur un appareil productif fordiste hypertrophié qui nécessitait de la main-d'œuvre en quantité ahurissante. Au moment de son apogée, General Motors comptait plus de 800 000 employés. Les coûts salariaux mettaient à mal la rentabilité d'autant plus que les marchés saturés n'absorbaient plus une production pléthorique et de mauvaise qualité.

Il a fallu tailler à la serpe dans les effectifs ; Albert J. Dunlap, l'inventeur du *downsizing* (le « dégraissage », la réduction des effectifs), n'hésitait pas à affirmer : « j'opère des cancers ».

À cette élimination quantitative de millions de postes de travail s'est ajoutée la remise en cause de bon nombre d'acquis de la période précédente : salaires minimums, systèmes de sécurité sociale, réglementations, droit social. Chaque pays a suivi ce chemin avec sa culture propre. Les Anglo-Saxons ont procédé à la hussarde, les autres, les Européens, avec plus d'hésitations et de circonspection.

D'autres mutations ont accompagné cette offensive. Les marchés financiers, libéralisés et déréglementés, accélèrent les restructurations industrielles qui se succèdent à coup d'OPA et qui, en quelques années, finissent d'achever les vieilles entreprises endormies et font naître une nouvelle génération de capitalistes, agressive, avide de profit et décomplexée. On s'habitue désormais à des marchés financiers qui saluent par des hausses records l'annonce de fermetures d'usines, comme celle de Vilvorde fermée par Renault en 1997.

Il fallait un remplaçant au mode de production fordiste démodé et discrédité. On l'a trouvé dans le « toyotisme » qui, né au Japon dans les années cinquante, s'est depuis généralisé à travers le monde.

Le toyotisme se veut le remède aux tares du fordisme : surcoûts, effectifs pléthoriques, pertes de temps, gaspillage en tout genre.

Le système mis en place par Taiichi Ohno préconise les fameux « cinq zéros » (stock, panne, papier, délai, défaut) obtenus notamment par un bouleversement du rôle du travail. On demande désormais aux travailleurs de s'impliquer dans l'efficacité du processus productif par le biais des « cercles de qualité » mais surtout par un engagement de l'individu et une sur-responsabilisation (au sein de groupes autonomes) qui aboutit directement à ce qu'on a appelé le « stress management ». La gestion des hommes par la peur et la tension permanente. Au Japon, on a même prévu des « camps de rééducation » pour les cadres défaillants auxquels on fait comprendre à quel point leur attitude est criminelle puisqu'elle pourrait mener l'entreprise à la faillite et les employés au chômage.

Mais la meilleure gestion du travail reste son élimination. Au sein du système toyotiste, la véritable révolution est l'introduction massive de machines de la génération cybernétique : des machines intelligentes qui allient flexibilité et qualité irréprochable de la production. Ces « robots » éliminent des pans entiers d'activités pénibles : peinture, soudure, emboutissage, fraisage. Le seul problème est leur coût. Le travail reste encore compétitif lorsqu'on le trouve à prix bradés. La délocalisation vient de là. Le développement des échanges, favorisé par le développement des zones de libre-échange, l'ouverture de la Chine, et la chute du monde communiste, finit de dynamiser l'économie et de piéger le travail.

Entre un chômage domestique que l'économie libérale considère désormais comme « naturel » suivant les préceptes de Milton Friedman, et la concurrence du travail étranger, les salaires se tassent, diminuent même, grâce au développement du temps partiel et de l'intérim.

La délocalisation des activités industrielles s'accélère. Des entreprises comme Nike ou Ikéa éclatent leur activité : au Nord, la conception et le marketing, au Sud la production. Nike ne s'est jamais encombré de produire une seule paire de chaussures aux États-Unis.

Peu à peu le thème de la « guerre économique » et de la « compétition internationale » devient le leitmotiv des économistes libéraux et des médias qui s'en emparent comme de nouvelles Tables de la Loi. Le monde du travail encaisse les coups d'autant plus que le syndicalisme s'effiloche au fur et à mesure que disparaissent ses anciens bastions ouvriers.

La mondialisation des activités industrielles, si elle provoque la baisse des salaires, la rend par ailleurs supportable. Les produits venus d'Extrême-Orient envahissent les supermarchés du monde occidental. Textile, habillement, électronique et informatique connaissent des baisses de prix vertigineuses. Les rayons s'emplissent de « foire à 1 euro » où l'on peut tout acheter pour presque rien. Le marteau au prix des clous, le radio-réveil au prix des piles, les chaussures au prix des lacets.

L'agriculture n'est pas en reste qui s'industrialise et se spécialise de manière accélérée. Quitte à mettre à contribution l'industrie chimique, et l'environnement.

Le partage et les inégalités

L'enjeu de la partie qui s'est jouée au cours du dernier quart de siècle avait pour but le partage de la valeur ajoutée, le partage du gâteau. Le bras de fer est fini et le capital a gagné. Quel qu'en soit l'auteur, le constat est toujours le même.

Selon Patrick Artus et Marie-Paule Virard[38], de 1999 à 2007, au niveau mondial, la productivité a augmenté de 30 % et le salaire réel de 18 %. Alan Greenspan lui-même avouait lors d'une interview : « La part des salaires dans la valeur ajoutée est historiquement basse, à l'inverse de la productivité qui ne cesse de s'améliorer[39] » et s'inquiétait du ressentiment vis-à-vis du capitalisme et du marché que cette situation peut créer.

Le Fonds monétaire international (FMI) reconnaît que la part des salaires dans le produit intérieur brut (PIB) a baissé entre 1983 et 2006 de 5 à 9 % selon les pays[40]. Et selon Jacky Fayolle, de 120 à 170 milliards d'euros ont glissé du travail au capital. Soit dix fois le déficit de la Sécurité sociale. « Le revenu salarial net n'a pratiquement pas augmenté depuis vingt-cinq ans[41]. »

L'explosion des inégalités. – Aux États-Unis, les 1 % de plus riches détiennent un tiers du patrimoine. Ces mêmes 1 % perçoivent 21 % des revenus, les 50 % les plus pauvres 12 %. Donc les 1 % les plus riches perçoivent à peu près deux fois plus que les 50 du bas[42].

---

38. Patrick Artus, Marie-Paule Virard, *Globalisation, le pire est à venir*, La Découverte, 2008.
39. Alan Greenspan, in *Financial Times*, 17 septembre 2007.
40. *Le Monde diplomatique*, janvier 2008.
41. Jacky Fayolle, in *Les Échos*, 30 novembre 2007.
42. *Le Monde diplomatique*, mai 2008.

Une nouveauté accompagne la montée des inégalités : l'apparition de « travailleurs pauvres » (*working poors*). Des personnes qui tout en travaillant sont au-dessous du seuil de pauvreté. Ils sont presque 10 millions aux États-Unis (revenu inférieur à 867 dollars). En Europe, 30 millions de travailleurs ont un revenu inférieur à 60 % du revenu médian[43].

Les métamorphoses du travail n'ont eu qu'un but : en alléger le coût. Là où les règles du marché du travail sur la rémunération empêchent les baisses, on les contourne en développant des emplois à temps partiel ou « atypiques ». Plus il y a de précarité, plus il y a de bas salaires (15 % en Europe, 21 % au Royaume-Uni). Selon le Conseil supérieur de l'emploi, des revenus et des coûts (CERC), le principal facteur d'inégalité réside dans la durée annuelle de travail.

Face à ces problèmes, le seul remède que proposent droite et gauche réunies, c'est de relancer la croissance (quitte à aller la chercher « avec les dents »). Or, la détérioration dont nous parlons s'est produite avec des taux de croissance de 2 %, ce qui correspond à la moyenne de la croissance depuis la révolution industrielle (à l'exception des « trente glorieuses », pendant lesquelles elle a été deux fois plus forte). Alors, quand on ne s'extasie pas devant des taux de croissance à la chinoise (ce qui prouve que l'on n'a réellement rien compris), on part à la recherche des fameux « gisements d'emplois ».

43. *La Croix*, 25 juin 2008.

C'est dans les « services aux personnes » que se situent les « gisements d'emplois » que nos hommes politiques nous encouragent régulièrement à exploiter. Michèle Debonneuil, conseillère de Jean-Louis Borloo, alors ministre de l'Emploi, constatait qu'il suffirait que chaque ménage consomme trois heures de ces services par semaine pour créer deux millions d'emplois[44].

Il s'agit de socialiser les tâches ménagères de la pire façon : « Une partie de la population accapare les activités bien rémunérées et contraint une autre partie au rôle de serviteur[45]. »

Si ça ne marche pas, pas de problème, on connaît le responsable. En France, on en a deux : les charges sociales et les trente-cinq heures.

« Le travail trop cher et pas assez rémunérateur ». – L'économiste est capable des plus belles démonstrations. Ainsi Jean-Jacques Rosa explique sur son blog que ceux qui disent que les salaires sont trop bas et ceux qui disent qu'ils sont trop élevés ont simultanément raison. Comment est-ce possible ? « La croissance ralentit ainsi à la fois parce que les salaires complets augmentent trop et parce que les salaires nets n'augmentent pas assez[46] ! » Comment est-ce possible ? Vous l'avez compris, la faute revient à l'État et à ces maudites « charges sociales ».

---

44. Michèle Debonneuil, in *Le Monde*, 16 février 2006.
45. André Gorz, *Métamorphoses du travail. Quête du sens*, Galilée, 1988.
46. www.jjrosa.blogpost.com, 8 septembre 2008.

En ce qui concerne les trente-cinq heures, il faudrait un bêtisier complet pour recueillir toutes les analyses qu'on a pu en faire. Oublions la piétaille et concentrons-nous sur l'analyse d'un ténor : le prix Nobel 2004, Edward Prescott. Selon lui, l'écart de niveau de vie entre la France et les États-Unis est dû à l'écart parallèle de « quantité globale de travail » et de « taux d'imposition ».

« Si la France ramenait ses taux d'imposition au niveau américain, le produit de ses impôts serait du même ordre qu'aujourd'hui, car après une période de transition, la production serait 40 % plus élevée ! Le bien-être des Français croîtrait lui aussi mais moins vite. D'après mes travaux [...], la hausse ne serait que de 18 % car les Français travailleraient davantage. Ils auraient moins de temps de loisirs, ce temps auquel ils attribuent une partie de leur bien-être[47]. »

Dans la tête des libéraux français, réduire la durée légale du travail est le pire des crimes économiques. Si les quarante heures et les congés payés ont livré la France pieds et poings liés à l'Allemagne en 1940, les trente-cinq heures sont responsables du « déclin français ».

Eurostat a publié des chiffres qui devraient mettre fin à cette controverse stupide. La France est à l'exacte moyenne de la zone euro avec une durée hebdomadaire de 37,9 heures. Les Pays-Bas, la Norvège, l'Allemagne, la Suède et même le Royaume-Uni sont *en dessous*. Autant de pays connus pour leur fainéantise. En durée annuelle, la France (1 545 heures) travaille plus que l'Allemagne (1 445) ou la Hollande (1 340).

47. Edward Prescott, « L'Audit de la France », in *Les Échos*, 13 mars 2007.

Un dernier constat simple qui devrait définitivement clarifier les choses : en Europe *plus on travaille, plus le PIB par habitant est faible* (Bulgarie, Grèce, Lettonie).

Quant aux États-Unis, c'est vrai que l'on travaille plus *dans l'industrie* (40,7 heures) ; mais la durée hebdomadaire tous emplois confondus est de 33,7 heures. Travail à temps partiel aidant. Surtout dans le tertiaire qui représente plus des trois quarts des emplois[48].

Quant à la durée annuelle du travail aux États-Unis, réellement plus importante qu'en Europe (et pas seulement qu'en France !), on devrait essayer de la comprendre pour ce qu'elle est et non pas comme un mythe qu'on exhibe. Les Américains travaillent *un mois de plus qu'en 1960.* Et pas par plaisir, mais par nécessité. Une voiture bas de gamme valait en 1974 quatre mois de salaire moyen. Elle en valait neuf dans les années quatre-vingt-dix. Pendant cette décennie, le pouvoir d'achat est retombé à son niveau de 1952. Depuis, il a augmenté, *en moyenne.*

Selon une étude de BNP Paribas, « la hausse des revenus réels est quasi interrompue. Il faut aller vers le milieu du décile supérieur pour trouver une hausse du revenu réel dans les cinq dernières années[49] ». Cela signifie en clair que 5 % seulement des Américains (les plus riches) ont vu leur revenu augmenter. Les autres n'ont guère le choix : travailler plus (et comme cela ne suffit évidemment pas s'*endetter* plus).

Lorsqu'on contemple la montagne de la dette *privée* américaine (30 000 milliards de dollars dont seulement 4 % de

48. « *Economic Report of the President* », février 2007.
49. *Conjoncture*, mars 2007.

subprimes !), on comprend mieux ce qui se passe aux États-Unis. Et depuis quand la dette des ménages augmente-t-elle ? Depuis l'arrivée au pouvoir de Reagan. Depuis que l'Amérique est gouvernée par l'ultra-libéralisme. L'augmentation de la dette est le vrai moteur de la croissance américaine. C'est aussi le révélateur de la vraie nature du système.

Laissons le mot de la fin à André Gorz : « Durée du travail et niveau de l'emploi sont, en effet, maintenus artificiellement élevés par des activités où la production du superflu et du nécessaire, de l'utile et de l'inutile, de richesses et de gaspillages, d'agréments et de nuisances, de destructions et de réparations sont inextricablement mêlées et où des pans entiers de l'activité économique ont pour seule fonction de “donner du travail”, c'est-à-dire produire pour faire travailler.

Or, quand une société produit pour travailler au lieu de travailler pour produire, c'est le travail en général qui se trouve frappé de non-sens[50]. »

50. André Gorz, *Adieux au prolétariat*, Galilée, 1980.

Chapitre 5

Les ceintures qu'on serre et les hommes qu'on presse

Lors des interminables négociations pour la restructuration d'Alitalia à l'automne 2008, les syndicats ont rompu les négociations, risquant de mettre en faillite leur entreprise. Ils expliquaient leur refus du plan de sauvetage par une simple « question de dignité ». « Mieux vaut en faillite que dans les mains des bandits », (*meglio falliti che in mano a dei banditi*) scandaient pilotes et hôtesses en chœur. L'observateur n'a pu être que perturbé. Comment des hommes et des femmes peuvent-ils envisager de mettre en faillite leur entreprise parce que leurs revendications ne sont pas prises en compte ?

C'est lors d'événements de ce genre que l'on se rend compte à quel point notre entendement est faussé par l'air du temps. L'air du temps chante toujours le même air : le plus important, c'est l'emploi. Il faut tout sacrifier sur l'autel de l'impératif économique. Que de fourches caudines n'a-t-on franchies au nom de l'emploi !

En se renseignant davantage, la surprise augmente encore. Dans le plan proposé au personnel d'Alitalia, il était prévu, pour les licenciés, un véritable pont d'or : sept ans de chômage à 80 % du salaire. Comment peut-on refuser ça ? C'est que tout le monde n'est pas pilote et que sur le marché du travail tout le monde n'a pas la même valeur.

Dans un monde éclaté, le monde du travail lui aussi est devenu schizophrène : il n'existe pas un marché du travail, mais au moins trois : celui des privilégiés, celui des exclus et celui, majoritaire, des angoissés de la fin du mois.

Une des aberrations de la pensée économique dominante est de présenter l'emploi comme un marché. Le marché, accablé de tous les maux de la finance, serait-il exempté des maux de l'homme ?

S'il y a un lieu où l'échange se fait « le couteau sous la gorge » et non pas « les yeux dans les yeux », c'est bien le « marché » du travail, le mal nommé. Il existe bien sûr des hommes et des femmes qui peuvent effectivement négocier les conditions de leur emploi et notamment le salaire. Mais pour l'immense majorité, le prétendant à un emploi n'a rien ou pas grand-chose à négocier. Le salaire, c'est celui qui est offert, et les conditions de travail ne sont pas faites pour tenir compte des aspirations ou de la volonté de l'impétrant.

Toute une génération d'économistes plus ou moins libéraux a essayé de masquer cette situation en glosant savamment sur la responsabilité individuelle dans l'emploi. Gary Becker, par exemple et sa théorie du « capital humain ». Considérant la vie de l'homme comme une « entreprise », Becker (prix Nobel 1992) postule que chacun prépare son avenir en « investissant » dans sa formation. La place qu'il aura sur le marché du travail sera le résultat de l'arbitrage entre « formation » et « loisir » qu'il aura opéré. Dès lors, un chômeur est quelqu'un qui n'a pas assez investi en capital humain ; de même qu'une femme dont le salaire est inférieur de 20 % à celui d'un homme ayant fait les mêmes études. Plus récemment, d'autres économistes ont découvert qu'il existe deux marchés du travail (typique/atypique) et en ont tiré tout un tas de considérations, notamment sur le fait qu'un chômage important ne fait pas (assez) baisser les salaires (modèle insiders/outsiders).

La défaite du travail

Nous avons suggéré, il y a quelque temps, une typologie des formes actuelles du travail[51]. Nous en distinguions trois :

1. Le travail dévalorisé. C'est le travail directement productif. Celui qui crée les biens physiques. Ce travail-là est dévalorisé parce qu'il doit faire face à une double concurrence : d'un côté celle de la machine, de l'autre celle du travail à bas coût, accessible par la délocalisation ou par certaines formes d'immigration (travail au noir).

Ce travail induit des revenus inexorablement tirés à la baisse. La seule limite à sa dévalorisation est représentée par les minima sociaux, notamment le smic. Le rôle d'écluse que joue le salaire minimum se traduit par un phénomène bien connu. Les salaires ont tendance à s'écraser sur les minima, ce qui fait que de plus en plus de personnes sont payées au

51. Michel Musolino, *La Défaite du travail*, L'Écart, 1999.

smic et que le salaire médian se rapproche du smic. Bien entendu, l'écluse ne fonctionne pas parfaitement. Le développement du temps partiel fait qu'il existe un nombre de plus en plus important de personnes qui gagnent moins que le smic. Globalement, ce travail productif est, dans nos pays, en voie d'extinction ; c'est lui qu'on délocalise. C'est cette fonte que Jeremy Rifkin a prise pour *la fin du travail.*

2. Le travail de valorisation. Il s'agit de la partie émergée du monde du travail (au sens qu'on trouve ici ceux qui n'ont pas l'eau à la gorge). Ce sont les créateurs de valeur ajoutée, de profits qui leur reviennent sous forme de salaires conséquents ou de bonus, de stock-options. Cadres dirigeants, traders, communicants, ingénieurs, experts de toute sorte. Les *cost killers* sont particulièrement recherchés : leur spécialité c'est la baisse des coûts, souvent par l'élimination du travail. Parmi les représentants actuels, Carlos Ghosn, « cost killer » devant l'Éternel, qui s'est fait la main sur Nissan avant de diriger Renault. La sauvegarde du profit fait de ces spécialistes de la soustraction des champions aussi recherchés que ceux qui remplissent les stades.

3. Le travail palliatif (comme les soins). C'est ce qui reste du travail, quand on enlève le travail. Ici nous ne sommes souvent plus dans le domaine du travail mais dans celui de l'emploi. Ici on ne travaille plus pour produire, on produit pour travailler. Il s'agit presque uniquement d'emplois tertiaires. L'ironie veut que ce soit souvent le chômage qui crée ces emplois (surveillants, vigiles, éducateurs). Depuis Laurent Fabius, les gouvernements successifs ont mis en place en France une kyrielle de formules (travaux d'utilité collective-TUC, emplois jeunes, stages d'initiation à la vie professionnelle-SIVP, contrats emplois solidarité-CES, contrat d'avenir-CA, contrat d'accompagnement dans l'emploi-CAE) toutes aussi inefficaces les unes que les autres. Sous Reagan, ce que l'on appelait la « great job machine » a créé de ces emplois-là par millions. Au hit-parade : gardiens de nuit, employés de fast-foods, caissières, livreurs. Un caractère commun : faible salaire, forte précarité.

On a eu la société de consommation de masse, c'est du passé. Désormais, les experts en tendances et mutations, économistes en tête, nous laissent entendre que notre société est celle de la communication.

C'est possible. En attendant, le caractère qui semble s'imposer dans la vie quotidienne est bien celui de l'angoisse.

On a eu, bien entendu, les Américains jetés à la rue par les banques. À New York, on a vu réapparaître des hommes-sandwichs cherchant du travail avec leur CV surmonté d'un explicite « almost homeless ».

L'Europe n'est pas en reste. En Grèce, c'est la « génération 700 euros », en Italie et en Espagne les « précaires » sont légion.

Le malaise est omniprésent. Le malaise de la jeunesse, par exemple.

En Europe du Sud, France y compris, le taux de chômage des jeunes varie entre 20 et 25 %. En Espagne, en Grèce, en Italie ce sont des générations entières broyées entre des études de plus en plus longues et des emplois de plus en plus rares et mal rémunérés. Les jeunes voient s'évanouir les rêves de réussite que leurs parents avaient faits pour eux.

Dès lors, les « enfants » restent à la maison jusqu'à 27 ans en moyenne (30 pour les « Vitelloni » italiens), naviguant de stages en boulots précaires. La famille joue le rôle de sécurité sociale. Comme dans les sociétés pauvres. En Europe du Sud, on n'a pas eu le temps de perdre ces bonnes habitudes. Ce qui en pâtit ce n'est pas seulement la « paix sociale » que le désespoir des jeunes risque de bousculer, mais l'avenir même de ces pays dont le passé de dynamisme démographique est désormais un lointain souvenir. Le taux de fécondité dépasse à peine 1,3 enfant par femme. Loin du renouvellement des générations. Les pays vieillissent, leur avenir se rabougrit.

« Nous sommes dans le post-scriptum d'une histoire ou d'une économie politique, écrit Baudrillard, où nous avons affaire aux déchets de deux siècles de capital et de production, y compris aux déchets humains. Nous sommes entrés depuis trente ans ou plus dans la gestion des déchets [...] dans une entreprise interminable de purification et de blanchissement, y compris encore une fois du matériel humain[52]. »

Si on peut trouver le constat de Baudrillard trop dramatique et violent, on se consolera avec celui que faisait Marx, au milieu du XIXe siècle, qui parlait déjà d'un travail *dominé, remplacé, rendu superflu.*

Pendant que la précarité s'installe, les économistes américains ont des idées de génie. On ne résiste pas au plaisir de présenter au lecteur celles de Robert Shiller, professeur

52. Jean Baudrillard, *Le Paroxyste indifférent, op. cit.*, p. 110.

à Yale ; bien qu'elles soient encore jeunes, elles ont pris de la bouteille et sont à savourer sans modération.

Dans un article publié par *The Economist,* Shiller explore la perspective enthousiasmante de la mise au service des individus des méthodes de gestion des risques financiers, dont l'homme est un spécialiste. Il constate que les inégalités explosent et qu'elles sont le résultat normal du progrès technique : « La complexité technologique, écrit-il, tend à accroître la valeur des services fournis par un petit nombre d'individus assurant à ces quelques privilégiés des revenus considérables » et : « Ces évolutions proviennent de l'essence même du capitalisme. » Mais il existe une solution : « [...] or, paradoxalement, la technologie à l'origine de ces inégalités pourrait également les atténuer[53] ». Chouette !

Il s'agit de créer des produits dérivés et donc des marchés inspirés de ceux de la finance et de l'assurance pour « gérer l'occurrence d'événements défavorables » sur le modèle des *swaps* de change ou de taux. Bien entendu, les individus ne sont pas menacés par les variations du taux de change ou du prix du pétrole. Leur risque est lié, au niveau de leur salaire ou le prix de leur logement, à leur carrière.

« Les salariés, poursuit Shiller, pourraient s'assurer contre la perte de leur emploi due à l'émergence d'une nouvelle technologie ou à la concurrence de la main-d'œuvre étrangère à bas salaire. » (*sic,* on peut se pincer si c'est nécessaire). « Une technologie qui devrait, à terme, nous éviter d'être

53. Robert Shiller, in *The Economist,* 22 mars 2003, traduit dans *Problèmes économiques,* n° 2854.

[...] sous la menace de risques massifs d'inégalité, en nous aidant à mieux les gérer[54]. »

Mais est-ce que ça va marcher ?

Bien sûr ! Schiller conclut : « Cet outil a permis la prolifération de différents types de prêts immobiliers, dont certains sont dotés de meilleures modalités de gestion des risques[55]. » Nous sommes en 2003. Vive l'Amérique !

L'ineptie de la politique monétaire

Depuis le retour héroïque du capitalisme opéré par Thatcher et Reagan, toute une génération d'hommes politiques et de responsables a sombré corps et biens dans l'acceptation des dogmes libéraux. Nul ne sait quel jugement l'Histoire portera sur la génération des Bush, Blair, Mitterrand, Chirac, Berlusconi, Poutine, Sarkozy, Aznar.

Peut-être retiendra-t-on le courage du chancelier Kohl qui a réussi à imposer la réunification allemande non seulement à ses alliés, mais surtout au chœur compact des économistes qui jugeaient la chose tout simplement impossible. Il n'existe pas d'autre exemple, dans les trois dernières décennies, de volonté politique voulant s'imposer à la raison économique. Bien au contraire. Le souvenir du général de Gaulle tonnant que « la politique de la France ne se fait pas à la corbeille » est bien un souvenir.

54. *Idem.*
55. *Idem.*

L'économie s'est imposée au politique, y compris en le prenant de l'intérieur. Parmi les bonnes choses qui nous sont venues d'Amérique, il y a l'école du « Public Choice » qui a appliqué à la vie politique les méthodes et les concepts de l'économie ; ainsi le politique a été dégradé en une sous-branche du marketing avec son « offre » sa « demande » et son « marché ». Quant à l'électeur, on a décidé de le considérer comme un consommateur dont il fallait capter l'attention quitte à lui « raconter des histoires » (le *story telling* : vous connaissez ?).

Ainsi d'hommes politiques droits dans leurs bottes, leurs principes et leurs idées (quelles qu'elles fussent), on est passé à des êtres papillonnant d'une idée à l'autre, d'un sujet à l'autre, comme des bonimenteurs de supermarché passant d'une promotion à l'autre, essayant désespérément de flotter, tels des cerfs-volants, sur l'air du temps.

Mais l'affaire est entendue depuis longtemps. Si les hommes politiques n'ont pas de principes, ils ont des amis. (Certains sont même *leurs propres amis*. Berlusconi, dans un de ses moments de forme aurait ainsi résumé ce qui le différenciait de Sarkozy : « la différence c'est que le yacht, il est à moi ».) Aux États-Unis, les hommes chargés de régler la crise des subprimes viennent directement de la banque. Henry Paulson est un ancien dirigeant de Goldman Sachs ; Greenspan s'y est recyclé après un passage à la tête de FED, aussi long que calamiteux. Chez nous, ce sont les avocats (d'affaires) qui ont le vent en poupe.

S'il y a une chose que nos hommes politiques ont réalisée avec application, c'est lutter contre l'inflation. Ils n'ont fait que cela depuis trente ans. Gauche et droite confondues. En Europe comme en Amérique.

On pourrait croire qu'il n'y a rien de plus bénéfique pour le pouvoir d'achat que l'extirpation de ce fléau. Pourtant, la lutte contre l'inflation cache un sous-entendu.

Laissons Alain Minc le formuler : « Nous vivons la fin du grand mouvement égalitariste, entamé dans l'après-guerre, dont l'immense classe moyenne est issue. On impute à la social-démocratie ce qui revient à l'inflation. Celle-ci est à l'origine du formidable nivellement des conditions sociales. Avec des taux d'intérêt inférieurs pendant trente ans à la hausse des prix, qui s'endettait s'enrichissait, qui possédait s'appauvrissait. Les écarts de fortune ne cessaient, dès lors, de se réduire[56]. »

Lutter contre l'inflation, c'est donc lutter contre ce « nivellement des conditions », mais surtout, on l'a vu, contre l'insupportable perte de valeur du capital.

L'Histoire, dans ce domaine aussi, est instructive. Le comportement de nos hommes politiques rappelle, à plus d'un titre, celui de la génération de politiciens des années vingt. « C'est comme si vous regardiez une vieille photo sépia de votre grand-père, dit Paul Krugmann, et que vous réalisiez que vous lui ressemblez beaucoup plus qu'à votre propre père[57]. »

Dans les livres d'histoire pour enfants, la crise de 1929 est présentée comme la fin brutale des « années folles ». Tout allait bien dans le monde de Gatsby le Magnifique : le sport,

56. Alain Minc, *L'Argent fou*, *op. cit.*

57. Paul Krugmann, *The Conscience of a Liberal*, Penguin Books, 2007.

le jazz, la radio, le cinéma, l'automobile et les inévitables «five dollars day» de Ford. La spéculation vient effondrer ce château de cartes et 12 millions d'Américains se retrouvent au chômage en quelques mois.

La réalité de l'économie américaine était tout autre. L'immense majorité des ouvriers gagnait des salaires à peine suffisants pour leur survie et les paysans les plus modestes devaient investir en matériel agricole à crédit pour essayer de supporter la concurrence des grandes exploitations industrialisées.

Ce qui, pendant des années, a comprimé les salaires et les dépenses publiques, c'est la politique déflationniste têtue de tous les gouvernements occidentaux. Ceux-ci avaient été traumatisés par les flambées inflationnistes des années d'après-guerre. L'hyperinflation allemande de 1923 fut particulièrement traumatisante[58].

Le mot d'ordre du moment c'était de retrouver l'étalon-or, de rétablir la valeur de la monnaie. Le prix que les gouvernements ont fait payer au monde pour ces objectifs d'un autre âge ce fut la préparation, lente, méthodique, irréparable de la crise la plus grave que le monde ait connue jusque-là.

Réduction des dépenses publiques, hausse des impôts, baisse des salaires. En 1925, le Royaume-Uni finit par rétablir la parité or. La France suit en 1928. Le spectre inflationniste est effectivement écarté. Galbraith dira de la décision

58. Il est curieux de constater que les candidats Royal et Sarkozy, au cours du débat précédant la présidentielle, ont tous deux situé cette hyperinflation dans les années trente, sans que personne ne vienne rectifier. Les années trente furent des années de sévère déflation. Il est des confusions qu'un futur chef de l'État ne peut pas se permettre.

britannique qu'elle fut « probablement la mesure la plus radicalement désastreuse des temps modernes en matière monétaire[59] ». Pour éviter le mal, on a eu le pire.

L'histoire récente présente des analogies désolantes avec cette période. Nos gouvernements aussi ont été traumatisés. Leur traumatisme, ce furent les années soixante-dix, avec leurs désordres politiques et l'inflation galopante. Grèves, augmentation de salaires, chute de la rentabilité du capital, appel à l'État et grand plongeon des finances publiques. C'est de ce cauchemar que Thatcher et Reagan sont venus sortir le monde. Depuis, la règle était bien établie : moins d'inflation, moins d'État, salaires sous contrôle, flexibilité.

L'Union européenne n'a plus d'étalon-or à préserver, mais on a presque fait de l'euro son équivalent. Aux premières places de ses défenseurs : les Allemands, éternels traumatisés de 1923, et quelques Français bien contents de se débarrasser d'une monnaie devenue un véritable boulet à traîner.

Les critères de Maastricht et tous ceux qui les ont suivis ont donné le sens de la marche à suivre. Mais qu'on ne se méprenne pas. L'euro devait être fait. C'est probablement une des meilleures choses que l'Europe ait réalisée. On s'en rend compte chaque jour davantage. Mais fallait-il le transformer en veau d'or et tout lui sacrifier ? Car on lui a tout sacrifié. Piliers de cette politique : les hauts taux d'intérêt, maintenus coûte que coûte, et les critères limitant l'endettement public et les déficits. On n'a rien fait pour que l'Europe soit autre chose que l'Europe de la banque, fût-elle

59. John Kenneth Galbraith, *L'Argent*, Gallimard, 1975.

centrale. Et un grand marché inique ouvert à n'importe qui. Notamment à ceux qui n'y sont entrés que parce qu'il y avait de la lumière et accessoirement pour y apporter la bonne parole américaine.

Le respect des normes européennes s'est traduit en une réduction permanente des dépenses de l'État et de la Sécurité sociale. Pendant vingt ans, on a grignoté sur les systèmes de protection et de solidarité sociales : retraites, indemnités chômage, remboursement des dépenses médicales. Le pouvoir d'achat a stagné non seulement parce que les salaires n'ont pas augmenté, mais également parce que l'État a pris plus, pour donner moins. On a bien sûr présenté ces « sacrifices » comme inévitablement liés aux impératifs économiques du moment. Mais la situation de la France des années 2000 était-elle pire que celle de 1944, au moment où le Conseil national de la Résistance a bâti le système français de sécurité sociale ? Voir la belle réponse de Maurice Kriegel-Valrimont[60].

Et qu'on ne se méprenne pas. Cette situation n'est pas la conséquence de la crise mais sa cause. C'était la condition du bon fonctionnement de l'Europe libérale.

Lorsque, après quelques années de fastes apparents, la machine a commencé à ralentir, les Américains ont changé leur fusil d'épaule et baissé les taux sans retenue. Passant d'un excès à l'autre. On a eu ainsi, entre les États-Unis et l'Europe, une véritable cacophonie ; une autre forme de *l'ineptie de la politique monétaire* dont parlait Friedman à

60. Maurice Kriegel-Valrimont, *in* « Des sous et des hommes », émission du 15 mars 2005 de Radio Aligre (disponible sur le Net).

propos de la politique des banques centrales américaines avant 1929. Là aussi le parallèle est inévitable.

Dans le système fédéral américain d'avant 1929, les banques centrales de différents États jouissaient encore d'une grande autonomie. En 1928, la Banque fédérale, alertée par la montée de la spéculation boursière, augmente ses taux. La Banque centrale de New York, elle, continue de pratiquer des taux bas pour ne pas déplaire à Wall Street.

Ainsi, pendant que les hauts taux de Washington étranglaient l'investissement et l'activité économique, les bas taux de New York permettaient à la spéculation de commettre ses derniers excès.

Cette situation s'est reproduite après 2001 : d'un côté une Amérique baissant les taux pour éviter la récession, de l'autre l'UE continuant à jouer la vertueuse. L'éternelle schizophrénie d'un système qui fait tout et son contraire en même temps. D'un côté la rigueur et les freins, de l'autre la débauche de l'endettement à tout-va.

En Angleterre aussi on a gardé des taux élevés jusqu'à la dernière extrémité malgré les incessantes demandes de baisse de David Blanchflower (membre du comité de politique monétaire de la Banque d'Angleterre) qui en janvier 2008 disait que se préoccuper encore d'inflation c'était comme «jouer du violon pendant que Rome brûle[61] ».

Lorsque Gordon Brown a, en étonnant plus d'un, baissé la TVA pour relancer la consommation, il s'est trouvé plus d'un

61. David Blanchflower, in *Le Monde*, 13 décembre 2008.

Allemand pour crier à l'aventurisme keynésien. L'Europe ? Quelle Europe ?

Lorsque la crise sera encore plus dure et le chômage encore plus fort, on trouvera peut-être le courage de vraies mesures de relance. Mais ce n'est pas en un jour qu'on défait ce qu'on a patiemment construit en un quart de siècle.

Travailler plus pour gagner plus

Que peut-on faire dans une époque de rigueur pour redonner un peu d'espoir au peuple, sachant que « les caisses sont vides » ? Le président Sarkozy a une idée de génie : « travailler plus pour gagner plus ».

Plus qu'une idée, c'est tout un programme. Le plus étonnant c'est qu'aucun économiste n'ait eu la réflexion (si ce n'est le réflexe) qu'elle impose.

« Travailler plus pour gagner plus » en termes économiques est une pure aberration. C'est la négation de deux siècles de pensée et d'histoire économique ; c'est même la négation pure et simple de la rationalité économique tout entière. En 1997, dans le livre *L'Imposture économique*, nous consacrions un paragraphe prémonitoire au thème… « Travailler plus pour travailler moins » : « Le travail a comme but premier d'économiser du travail. Si l'on s'échine à produire des bêches, c'est pour éviter de labourer la terre avec ses ongles. Si l'on fabrique des tracteurs, c'est, je présume pour éviter de travailler la terre avec une bêche[62]… »

Si l'économie a un sens, ça ne peut être que celui-ci : produire plus de richesses en consommant moins de richesses. Le travail étant une richesse, une ressource, la logique économique a toujours été « travailler moins pour produire plus ». Il est impossible pour quiconque, fût-il prix Nobel d'économie, de prouver le contraire.

Le progrès dans le domaine automobile, par exemple, c'est d'avoir des voitures qui vont plus vite, plus loin, dans un confort supérieur, en consommant moins.

Imagine-t-on un constructeur automobile conseillant gravement à son client : « Si vous voulez rouler plus, mettez plus d'essence. » Ou le directeur d'un supermarché qui afficherait en grandes lettres « Pour consommer plus, dépensez plus. » L'un comme l'autre seraient pris pour des fous.

Or, pourquoi faudrait-il proposer comme slogan à ceux qui travaillent l'exact contraire de ce qui est à la base même de l'économie ?

À moins que l'on soit prisonnier de cette perversion de l'esprit contemporain qui met la morale la plus archaïque à la place de la lucidité économique. Car ici nous sommes plus près du très biblique « tu gagneras ton pain à la sueur de ton front » que d'un cours d'économie. C'est le résultat de trente ans d'économie vulgaire où on a confondu allègrement morale et logique ; sermon de fin de messe et raisonnement.

62. Michel Musolino, *L'Imposture économique*, *op. cit.*, p. 227.

Là où au contraire on ne confond pas morale chrétienne et raison marchande, c'est sur le projet pitoyable du travail le dimanche. « Le commerce le dimanche, c'est des emplois et de la croissance ! » clament en chœur Luc Chatel et Xavier Bertrand[63]. Que n'y a-t-on pensé plus tôt !

Bien sûr entre « produire plus » et « gagner plus », il y a un hiatus, un glissement de sens, un abîme. S'agirait-il alors de « produire plus » à égalité de salaire et n'imaginer une augmentation de celui-ci que par une portion supplémentaire d'effort ? Où irait la portion de richesse supplémentaire ? Dans la rentabilité du capital ? C'est tellement facile. C'est *déjà* la norme dans nos pays depuis bien longtemps.

Que veut dire Jacques Marseille, pourfendeur de fainéants devant l'Éternel, lorsqu'il écrit : « J'ai mesuré la productivité du travail en France : elle est considérable. Et, dans une large mesure, nous sommes paradoxalement "victimes de notre productivité"[64]. » ? Est-ce que cela signifie qu'avoir une bonne productivité du travail est une catastrophe ? Ça l'est sans doute pour ceux qui comme Jacques Marseille *n'ont rien compris*. Les autres s'en réjouissent et partent en week-end. *Yes, week-end !*

Quant au travail, si on a réussi à le magnifier, à l'affûter, à le rendre si productif, c'est justement parce qu'on l'a toujours considéré comme une « négativité ». Aucun économiste n'a été dupe à son sujet. Ni Smith, ni Marx lorsqu'il écrit que le travail « [...] produit l'esprit, mais pour l'ouvrier il

---

63. In *Le Figaro*, 12 octobre 2008.

64. « Jacques Marseille et Elie Cohen et les nouvelles "trente glorieuses" », in *Le Figaro*, 2 février 2004.

produit l'abêtissement, le crétinisme[65] ». Même Dominique Méda constate : « Enfin, un certain réalisme doit s'imposer quant à la perception du travail (j'ai parlé de "désenchanter le travail"), consistant notamment à cesser de présenter le travail comme une passion ou une source d'épanouissement (alors que ce n'est le cas que pour une minorité), mais à reconnaître qu'il s'agit d'une contrainte, une contrainte sociale à laquelle tous, sans exception, doivent participer[66]. »

La logique du chef d'entreprise est de produire plus en dépensant moins. On appelle ça la « croissance » voire même le progrès. Pourquoi ce qui est bon et juste pour l'un serait faux pour l'autre ? De ces deux logiques, l'une n'est pas meilleure que l'autre puisque c'est la même.

Quand le président Sarkozy demande à Jacques Attali de réfléchir sur la croissance, celui-ci, aidé de quarante experts, a envoyé une bordée de propositions plus passionnantes les unes que les autres.

S'agissant du travail, le constat de la commission est simple et original : « Il subsiste aujourd'hui un écart de PIB par tête de 30 % entre la France et les États-Unis. Cet écart s'explique d'abord par la très faible utilisation du facteur travail qui prévaut dans notre pays. La France est en effet avec la Belgique le pays où le nombre d'heures travaillées par habitant est le plus faible des pays de l'OCDE[67]. »

Dans *La Crise et après ?*, Attali fait cette sage constatation : « Cette première crise financière de la mondialisation

---

65. Karl Marx, *Critique de l'économie politique*, Allia, 2007.
66. Dominique Méda, in *Alternatives économiques*, janvier 2006.
67. Rapport Attali, remis à Nicolas Sarkozy en janvier 2008.

s'explique très largement par l'incapacité de la société américaine à fournir des salaires décents aux classes moyennes[68]. »

En douze mois, Attali a fait de grands progrès. Experts, encore un effort pour devenir économistes !

68. Jacques Attali, *La Crise et après ?*, Fayard, 2008.

Chapitre 6

Chiffrer la misère, mesurer le bonheur

Lorsque le président Sarkozy a demandé à deux prix Nobel d'économie, Amartya Sen et Joseph Stiglitz, de réfléchir à la question du changement des outils de mesure de la croissance, on a certes été surpris, mais agréablement.

La préoccupation du Président, quelles que soient ses motivations, met l'accent sur la nécessité de « prendre mieux en compte l'impact sur le bien-être de la dégradation ou de l'amélioration de l'environnement, des conditions de travail, du niveau d'éducation, des conditions de santé, des inégalités[69] ».

Cette nécessité est une évidence, car toute notre économie est fondée sur une unité de mesure défaillante : le PNB. Nous parlons de croissance, de richesse, mais nous n'avons pas réellement pris le temps de réfléchir sur ce que cela signifie. L'accueil presque enthousiaste, ou lâchement soulagé, de la ministre Christine Lagarde à l'annonce d'une croissance française *positive* (de 0,1 % !) à l'automne 2008,

69. Communiqué de l'Élysée, in *Les Échos*, 16 février 2008.

alors que les autres pays annonçaient des chiffres négatifs, est significatif d'une corruption profonde de notre entendement et de notre capacité de jugement. Si le fétichisme des chiffres existe, il a atteint là sans doute son paroxysme.

« On ne tombe pas amoureux d'un taux de croissance », disait Edmond Maire, secrétaire de la CDFT, au début des années soixante-dix.

Depuis que la belle fait des caprices, ce sage avertissement a été oublié. Pourtant, que la croissance et le PNB soient des outils on ne peut plus rustiques (et trompeurs) ne fait guère de doute.

Les banques et les entreprises ont ces derniers temps appris à leurs dépens la limite des chiffres inscrits dans leurs bilans. Sans doute ont-elles fait preuve de trop d'imagination dans leur créativité comptable (*creative accounting*). Un peu de saine créativité ne ferait pas de mal à nos comptes publics.

Les chiffres parlent mais ils ne disent rien

Le PNB n'a que le sens qu'on a bien voulu lui donner. Le PNB est la mesure de la production marchande. Or, la production marchande n'a qu'un rapport imparfait avec la richesse, des relations lointaines avec le bien-être et peu à voir avec le bonheur.

Ses défauts rédhibitoires sont simples à comprendre : le PNB intègre des éléments dont personne ne peut nier l'aspect négatif. Il en oublie, ou en ignore d'autres, éminemment positifs.

Un exemple entre tous : le bouchon.

La congestion des tissus urbains est la source d'immenses coûts sociaux, économiques, humains. Les carburants brûlés inutilement, la pollution qui en découle, le nombre d'heures (de travail) perdues, sans oublier, ce qui est peut-être l'essentiel, la dégradation de la qualité de la vie. Or, le bouchon fait augmenter le PNB bien qu'il s'agisse d'un immense gaspillage de ressources, notamment du bien le plus précieux : le temps.

Des études nombreuses ont chiffré le coût des embouteillages ; en temps perdu (différence entre le temps réel et celui de la circulation fluide), ils représentent 3 % du PNB[70]. Le bouchon serait responsable, à lui seul, de la moitié des dommages environnementaux provoqués par la circulation automobile.

Ainsi, si par un coup de baguette magique, on réussissait à éliminer tous les bouchons, cela se traduirait par une baisse instantanée de 3 % du PNB. Une véritable catastrophe.

Si des éléments dont on ne peut nier l'aspect négatif font augmenter (de manière seulement comptable) notre richesse, des éléments incontestablement positifs sont délaissés par les statisticiens.

Parmi les choses que le PNB passe sous silence, il y a, par exemple, le travail domestique, lorsqu'il se fait en dehors du système marchand.

Ainsi, si une mère fait garder ses enfants par une nounou, le PNB augmente ; si c'est elle qui s'en occupe, le PNB

70. *Problèmes économiques*, n° 2896.

ne bouge pas. À ce sujet, il est bon de souligner un glissement inopportun dans le langage courant, qui prouve à quel point l'instrument de mesure influe sur la perception du phénomène mesuré. N'importe quel élève de seconde dira sans hésiter que « le travail des femmes a augmenté au cours du XXe siècle ». Tiens donc, et elles faisaient quoi avant, ces fainéantes ? On a du mal à imaginer une femme de paysan, au XIXe siècle, ne travaillant pas. Ni même une ménagère, une femme au foyer. L'éducation des enfants, la tenue du foyer sont des activités dont nul ne peut ignorer l'importance, ni la richesse. Le PNB s'en moque comme de l'an quarante. Mais qu'importe, le travail des femmes (en réalité leur *salarisation*) a puissamment contribué à faire augmenter le PNB depuis les « trente glorieuses » ; alors, où est le problème ? Émettre la moindre réserve dans ce domaine, c'est s'exposer au risque, ou à la certitude, de passer pour un vilain réactionnaire.

Les progrès de la science économique ont été caractérisés par la prise en compte de nouveaux éléments de richesse.

Au début de la réflexion économique moderne, seule l'agriculture était considérée comme créatrice de richesses. On y a ajouté progressivement l'industrie, puis le commerce et les services. Nul ne saurait contester le caractère désormais essentiellement immatériel de notre production. La prochaine étape, décisive, devra prendre en compte les richesses non marchandes. Une gageure.

Un ennemi redoutable : la gratuité. – Lors du débat sur les droits d'auteur, Renaud Donnedieu de Vabres a dit : « J'ai en face de moi un ennemi redoutable, le rêve de la gratuité[71]. »

Le développement d'Internet, du « pear to pear », le partage en ligne, ou le libre accès à l'information, le don de logiciels (Linux), Wikipédia, les journaux gratuits : tous ces phénomènes inquiètent les uns, enthousiasment les autres. Pendant que les tenants de la vieille économie essaient de faire rentrer les nouvelles formes de création de richesses dans les anciens cadres juridiques (notamment le droit de propriété), l'économie marchande, elle, se lance à la conquête de l'eldorado de la gratuité.

La gratuité, dernière plage de la baisse des prix. Ce qui devrait être le tabou absolu de la société marchande, le lieu où elle serait, enfin, obligée de se taire, laisser d'autres valeurs et d'autres motivations agir, est devenu un marché comme un autre. L'exemple de Google devrait faire réfléchir. Cette entreprise a bâti sa fortune sur le don. Don d'informations, don de logiciels, de services. Elle a tout simplement trouvé le moyen de *rentabiliser* le don. Elle se paie même le luxe d'offrir à ses employés des conditions de travail idylliques. Quitte à révéler sa vraie nature quand elle vient faire des affaires en Chine. Quitte à faire planer sur le monde l'ombre de *Big Brother*.

Nos vieux utopistes du don (Marcel Mauss, Edgar Morin), qui imaginent une société fondée sur le potlatch des Indiens (donner, recevoir, rendre), devraient en prendre de la graine.

---

71. Renaud Donnedieu de Vabres, in *Le Monde diplomatique*, juillet 2006.

Les économistes aussi. Est-il logique de laisser aux *marchands* le monopole du don et de sa valorisation ? Les utopistes manqueraient-ils d'imagination ?

À défaut de mieux, on s'inquiète – Denis Olivennes[72], Olivier Bomsel[73]. En attendant, les formes traditionnelles de « gratuité » (celles assurées par l'État) : la santé, l'éducation sont en perte de vitesse car trop chères ; les formes « marchandes », elles, prospèrent. Ainsi va le monde.

Faut-il, pour que les Parisiens aient droit à des vélos gratuits, livrer la ville à un annonceur ?

D'où vient la croissance ? – Si on a du mal à chiffrer la croissance, on n'en sait pas plus sur son origine.

Une des préoccupations majeures des économistes a été de percer le mécanisme de la création de richesses. Au cours de la seconde moitié du XXe siècle, on a accompli des progrès décisifs mais qui, loin d'être achevés par une réponse satisfaisante, s'accompagnent de doutes de plus en plus troublants.

La réflexion a commencé avec une formule simple : celle de la fonction de production $Y = f(K, L)$. La production (Y) est fonction du capital (K) et du travail (L), les « facteurs de production ». Quoi de plus simple ? Le problème c'est que la formule est bassement quantitative. Ce n'est pas en augmentant la quantité des ingrédients que l'on fait un meilleur plat. Qu'à cela ne tienne : on va intégrer les éléments

72. Denis Olivennes, *La gratuité c'est le vol*, Grasset, 2007.

73. Olivier Bomsel, *Gratuit ! Du déploiement de l'économie numérique*, Folio Gallimard, 2007.

qualitatifs (le progrès technique) dans l'un ou l'autre des facteurs. Après des débats techniques aussi complexes que stériles, on se rend compte que la formule améliorée est loin d'expliquer la totalité de la croissance. En étudiant le cas de la France, Carré, Dubois et Malinvaud[74] en arrivent à un constat désobligeant : cette formule n'explique pas la totalité de la croissance française. Le « reste », on va l'attribuer au célèbre « facteur résiduel » (r). Curieux « résidu » puisqu'il explique plus de la moitié de la croissance (2,6 % sur 5,1 %) ! La formule ainsi corrigée Y = f (K, L) + r laisse quand même perplexe.

Robert Solow dira : « Le facteur résiduel est la mesure de notre ignorance. »

Carré, Dubois et Malinvaud, faute de mieux, donneront à « r » le nom de « productivité globale des facteurs ». Mais un problème persiste : d'où vient « r » ? Mystère absolu. On a affaire à une sorte d'« immaculée conception » de la science économique.

Un grand chantier théorique s'ouvre. Dans les années quatre-vingt, l'école dite de la « croissance endogène » se lance à la recherche de cette source merveilleuse et mystérieuse de croissance. Il s'agit de trouver ce qui provoque quelque chose que toute l'économie néoclassique considérait comme impossible : les rendements croissants. (Tous les calculs de la science économique depuis le XIXe siècle, dans le cadre des modèles néoclassiques, sont basés sur l'hypothèse des rendements décroissants.)

---

74. Jean-Jacques Carré, Paul Dubois et Edmond Malinvaud, *La Croissance française*, Le Seuil, 1972.

Les hypothèses fusent : selon Robert Lucas, la source est le « capital humain » ; selon Robert Barro, les « infrastructures publiques » ; selon Paul Romer, l'« accumulation de connaissances ».

La bicyclette de la croissance, bien instable avec ses deux roues d'origine, en a trouvé une troisième. Paul Samuelson va en ajouter une quatrième : les ressources naturelles que la science économique a superbement ignorées. Chassez la nature, elle revient au galop.

Le débat est loin d'être clos entre Romer qui exalte les capacités du savoir humain à créer des ressources sans fin et les tenants de la « finitude » des ressources naturelles. Soulignons deux points : d'abord que le savoir est probablement la meilleure réponse à la rareté des ressources ; et ensuite que l'État, relégué par les économistes libéraux au rang de « nuisance », revient au centre de la réflexion comme créateur plus que probable de cette fameuse croissance endogène par le rôle qu'il joue, non seulement dans les infrastructures, mais également dans le domaine des connaissances (enseignement, recherche, innovation, même aux États-Unis où il alimente ces domaines ne serait-ce que par ses dépenses de défense). Les impôts que l'on paie serviraient-ils donc à quelque chose ? « Shocking ! » diraient nos amis anglo-saxons.

Si le protocole de Kyoto et les décisions qui l'ont suivi ont une qualité, c'est celle d'apporter la preuve qu'on peut intégrer dans le calcul économique des choses qui en étaient jusque-là exclues. L'espace, dans les villes, est devenu payant. Nul ne s'offusque de payer l'équivalent de deux baguettes pour une heure de stationnement. Avec Kyoto, la pollution qui était jusque-là gratuite, devient payante. Les entreprises considéraient que le monde, les biens communs, l'air, les océans étaient à la libre disposition de chacun. Qu'on pouvait en profiter, et les polluer, sans contrepartie. On sait désormais que tout cela coûte et qu'il faut payer. De même, un pays qui dispose d'une forêt qui contribue aux grands équilibres écologiques de la Terre pourra en profiter comme d'une ressource.

L'effort, la tâche on ne peut plus noble qui incombe désormais aux économistes, est d'imaginer des moyens d'intégrer dans le calcul économique des éléments du bien-être et du bonheur qui jusqu'à présent en sont exclus. Tâche noble mais difficile.

Jeremy Rifkin a indiqué une piste qu'il nomme « le tiers secteur[75] », celui du bénévolat, du travail associatif, des organisations non gouvernementales, des innombrables associations régies, en France, par la loi de 1901. La même réflexion devrait être menée sur le travail domestique et sur toutes les activités non marchandes qui contribuent à rendre la vie meilleure, ou moins pénible. Il s'agirait de prendre en compte si ce n'est leur « production », du moins valoriser la création d'utilité qui est la leur.

Refaire nos comptes. – Si Amartya Sen a été chargé de réfléchir à un autre chiffrage de la croissance, c'est parce qu'il a contribué, entre autres, à la création de l'indice de

75. Jeremy Rifkin, *La Fin du travail*, La Découverte, 2005.

développement humain (IDH). Dans l'après-Seconde Guerre mondiale, lorsque le problème du développement du tiers-monde s'est posé de manière dramatique, on s'est vite rendu compte que les outils de mesure disponibles étaient insuffisants. Jusque-là on ne disposait que du « PNB par tête », bien incapable de rendre compte de quoi que ce soit de qualitatif. Il était, et il est toujours, porteur de deux défauts rédhibitoires : il ne mesure que des valeurs marchandes dans un monde qui ne l'est que partiellement ; et c'est une moyenne, ce qui dans des pays à très fortes inégalités le rend aussi utile qu'un tire-bouchon dans un embouteillage.

L'IDH est bâti autour de trois critères : santé, éducation et niveau de vie. Il prend donc en compte des éléments comme l'espérance de vie, l'alimentation, la santé, l'alphabétisation, la scolarisation. Les résultats (sur une échelle de 0 à 1) donnent une moyenne mondiale de 0,722 et une position pour la France (0,952) proche de celle des États-Unis (0,951), alors qu'en termes de PNB par tête (2005), les États-Unis se classent 6e (43 743 $) et la France 16e (35 854 $).

Des économistes ont déjà essayé de mettre au point d'autres instruments de mesure.

Herman Daly et John Cobb ont calculé un « Genuine Progress Indicator » ou GPI (indicateur de progrès réel) qui corrige le PIB des dégâts collatéraux (pollution, dégradations de l'environnement), et y ajoute le travail domestique et le travail bénévole. Résultat : le GPI est en baisse depuis 1970[76] !

76. *Problèmes économiques*, n° 2938, p. 29.

Lars Osberg et Andrew Sharpe ont mis au point un « indice de bien-être économique » (IBEE) qui intègre par exemple le travail non rémunéré, la répartition des revenus, la pratique des loisirs, les coûts environnementaux, la sécurité économique, l'espérance de vie, etc.

Constat : le bien-être économique augmente beaucoup plus lentement que le PIB par habitant. Dans le cas du Royaume-Uni, entre 1980 et 1999, si le PIB par habitant passe de l'indice 1 à l'indice 1,5, l'IBEE, lui, tombe de 1 à 0,9 après être passé par un minimum de 0,8 en 1991.

La formule du bonheur

Les économistes n'ont peur de rien. Pendant que certains (nombreux) s'épuisent à calculer la formule magique de la valeur d'un produit dérivé, d'autres se posent le problème du bonheur. Ils prennent ainsi la relève de générations de philosophes et de poètes qui, dans ce domaine, ont tout dit et son contraire.

Des nombreuses études faites, il résulte quelques constatations qui montrent que le problème est complexe (on s'en serait douté), mais qu'on peut le cerner par quelques jalons.

L'économiste ne s'encombre pas de savoir ce qu'est le bonheur. Mais au-delà de l'aspect inévitablement individuel de sa perception, on peut en brosser une image sociale. On est ainsi arrivé à quelques constatations sur lesquelles on peut réfléchir. D'abord sur l'inévitable question des rapports entre richesse et bonheur. Le lien entre ces deux variables est clairement établi.

Le bonheur augmente avec la richesse mais pas totalement. Une fois franchie une certaine limite de richesse, quel que soit le niveau du PIB, le niveau de « bonheur » reste le même.

Richard Layard (de la London School of Economics) nie même qu'on puisse établir un lien entre croissance et bonheur. Le contraire est aussi possible. « Le travail ardu, facteur de croissance, peut rendre malheureux[77]. »

Benjamin Friedman, professeur à Harvard, a essayé de mesurer l'impact de la croissance, non sur le bonheur mais sur la « morale » qui peut en être une composante[78]. Le genre de liens que Smith lui-même avait tenté d'établir. Ses travaux aboutissent à cette conclusion : la croissance joue un rôle positif sur la tolérance, le sentiment de progrès, l'altruisme… Mais à une condition : que la croissance soit synonyme d'amélioration du niveau de vie de la majorité de la population. Or, depuis quelques décennies, la croissance américaine, par exemple, s'est traduite au mieux par l'amélioration de la situation des 5 % les plus riches.

Les économistes insistent sur deux phénomènes : l'effet d'aspiration et l'effet d'adaptation. Si le premier pousse à vouloir, attisant l'envie et l'attente, le deuxième fait qu'on s'accommode très rapidement d'un niveau de revenu et de consommation. Celle-ci ne peut donner qu'une satisfaction passagère, proche du plaisir. Mais le plaisir n'est pas

---

77. Richard Layard, *Happiness : Lessons from a New Science*, Penguin, 2006, cité in *Problèmes économiques*, n° 2903.

78. Benjamin Friedman, *The Moral Consequences of Economic Growth*, Vintage, 2006.

le bonheur. D'où la nécessité de reproduire sans cesse la transition frustration/satisfaction pour se maintenir dans un état d'euphorie permanente, une sorte d'état hallucinatoire qui est plus proche de la folie que du bonheur.

Guy Debord avait souligné, il y a longtemps déjà, que la consommation n'est pas « au-delà de la privation, mais qu'elle est la privation devenue plus riche[79] ».

Voilà un constat qui devrait faire réfléchir.

Nos spécialistes du bonheur ont aussi découvert que le bonheur est un état relatif : on est plus ou moins heureux par rapport à la situation des autres. Ainsi, on redécouvre ce que Marx ou Veblen ont montré : que les biens ostentatoires n'ajoutent au bonheur que si les autres en sont privés. Si tout le monde dispose des mêmes biens, ils n'ajoutent au bonheur de personne.

Si la consommation ne fait pas le bonheur, quels en sont les autres facteurs ?

Parmi les valeurs génératrices de bonheur, on trouve aux premières loges la famille et le mariage. Probablement autant que d'amour, ces institutions sont génératrices de stabilité. La primauté de la sécurité comme élément du bonheur est soulignée par le fait qu'on accorde plus d'importance à ce qu'on a, et à ce qu'on a perdu, qu'à ce qu'on peut acquérir[80].

C'est pour cela que la précarisation est sans doute un des sujets de préoccupation prioritaire des Français. Et ils ne sont pas si attachés à la « sécurité sociale », la bien nommée, par hasard.

---

79. Guy Debord, *La Société du spectacle*, *op. cit.*
80. In *Problèmes économiques*, n° 2938, p. 26.

La santé, la satisfaction au travail, les loisirs et le temps passé avec ceux qu'on aime, famille ou amis ; la participation à la vie de la cité, l'adhésion à des valeurs, voilà d'autres éléments clés du bonheur d'après les résultats de ces études. Rien de bien surprenant, rien de plus humain. Encore faudrait-il qu'on en tienne compte.

Il y a, dans le domaine du bonheur, comme dans d'autres, un paradoxe français. La France est perçue à travers le monde comme le pays du « bon vivre », mais elle est, curieusement, très mal notée par les Français eux-mêmes : elle n'arrive que 62e dans les classements, loin derrière les éternels pays du Nord de l'Europe, et loin derrière les États-Unis (23e).

Que les Français ne pratiquent pas l'autosatisfaction est un fait bien connu. Qu'ils aient marqué l'Histoire en n'acceptant pas le sort qu'il leur était fait, aussi. Il y a une autre raison à leur pessimisme qu'on aurait tort de sous-estimer. C'est le pilonnage incessant de ces hommes politiques, économistes et vulgarisateurs de toute espèce que Dominique de Villepin avait en son temps appelés les « déclinologues ». Peu de pays ont eu droit à un tel déferlement d'autoflagellation et de culpabilisation.

Tous suivent le bon mot de Margaret Thatcher qui avait dit en son temps : « La France se croit immortelle parce qu'elle connaît un déclin sans fin. »

Nicolas Baverez, *La France qui tombe* ; Christophe Lambert, *La Société de la peur* ; Rémi Godeau, *La France en faillite* ; Philippe Jaffré et Philippe Riès, *Le jour où la France a fait faillite* : la liste complète serait longue. Mais n'oublions surtout pas ceux qui par leur omniprésence dans les médias ont régulièrement répandu la bonne parole défaitiste : Jacques Marseille et Michel Godet qui complètent logiquement cette galerie de Cassandre. Depuis que leur modèle de référence connaît quelques ratés, on entend nettement moins cette joyeuse bande. Que n'ont-ils réservé un peu de leur perspicacité aux dangers du modèle anglo-saxon !

Lorsqu'on demande aux Français ce qui fait, ou pourrait faire leur bonheur, ils mettent en avant la santé, la famille, la reconnaissance au travail, les loisirs. Curieusement, ce sont souvent ces points clés du sentiment de bonheur qui sont la cible privilégiée de ces professionnels du masochisme à usage de son prochain et de la glorification de modèles étrangers, réels ou fantasmés.

Les loisirs, les faibles inégalités, la santé : ce sont ces thèmes qui ont provoqué le déferlement d'ignominies sur ce qu'est la France. À croire nos oiseaux de mauvais augure, les trente-cinq heures ont fait de la France un pays de fainéants, la sécurité de l'emploi un pays de privilégiés, et le RMI un pays d'assistés. Nos dépenses de santé ont transformé la France en un pays où l'on hypothèque l'avenir des générations futures. Ce n'est sûrement pas le stress au travail, l'explosion des inégalités, la précarité qui ont fait augmenter le sentiment de bien-être dans ce pays. Ce sont pourtant là les chemins que les déclinologues nous indiquent comme voie de rédemption, la seule voie pour sortir du « mal français ».

Si la crise des subprimes devait avoir ne serait-ce qu'une conséquence positive, que ce soit la fin de cette engeance de pleureuses. Et de leur modèle improbable.

Un autre soupçon ne saurait être écarté.

Lorsqu'on analyse qui, et à quel moment, a porté ces attaques contre la France, ou qui s'est servi de ces attaques, de ce « discours masochiste de haine de sa propre patrie[81] », on a comme un doute.

Le moment est celui de la préparation de l'élection présidentielle ; et la cible de tant de haine, probablement le duo Chirac-Villepin. C'est du moins ce qu'affirme Raphaëlle Bacqué[82] en se fondant notamment sur la proximité de certains déclinologues avec le président Sarkozy. Le mobile rend le crime encore plus méprisable. Pitoyables Pythies.

Pauvreté et misère

Si notre vision de la richesse est quelque peu défaillante, celle de la pauvreté l'est encore plus. Tout a été dit, dans ce domaine, surtout le pire.

On se délecte, dans la littérature économique et dans les médias, à exposer des chiffres révoltants : ainsi deux milliards d'hommes auraient un revenu de moins de deux dollars par jour. Ce qui mettrait le tiers de l'humanité le plus pauvre en dessous du pouvoir d'achat, non pas des Occidentaux mais de leurs animaux domestiques. À partir de là, il est de bon ton d'affirmer le droit de ces populations au développement et à la croissance, tout en s'arrachant les

81. Philippe Cohen, in *Marianne*, 24 septembre 2005.

82. Raphaëlle Bacqué, « Pour qui roulent les déclinologues ? », in *Le Monde*, 25 février 2006.

cheveux quant à l'inévitable conséquence de cette course au développement : pollution et épuisement des ressources naturelles. L'Occident se complaît dans ce psychodrame lamentable.

Ce que l'on oublie trop souvent, c'est encore et toujours l'aspect pour le moins mensonger de ces statistiques. Dire qu'un pauvre dispose de deux dollars par jour n'a aucun sens. D'abord, ces moyennes, compte tenu des énormes inégalités qui règnent au Sud, sont encore plus trompeuses qu'ailleurs, mais surtout, on plaque des unités de mesure (et le mode de vie qui va avec) sur des réalités qui sont (encore mais pas pour longtemps) différentes des nôtres.

On oublie ainsi les réalités de ce monde. Un paysan qui vit de ses cultures n'existe pas dans ces statistiques. Les échanges non marchands non plus ; sans parler de la solidarité qui est une donnée essentielle des sociétés africaines ou asiatiques.

La moindre des précautions c'est de préciser ce dont on parle. Serge Paugam distingue, par exemple, trois types de pauvreté qui n'ont réellement pas le même sens : pauvreté intégrée, pauvreté marginale et pauvreté disqualifiante[83].

La première concerne les pauvres dans les pays pauvres. Leur situation, pour regrettable qu'elle soit, n'est pas forcément dramatique. Des sociétés pauvres ont toujours existé, mais elles ont mis en œuvre des moyens de survie, notamment la solidarité, qui rendent la pauvreté supportable. Dans les pays pauvres, selon l'anthropologue Lucy Mair, « la misère

83. Serge Paugam, *Les Formes élémentaires de la pauvreté*, PUF, 2005.

est impossible car il n'est pas question que quelqu'un, s'il a besoin d'être aidé, ne le soit pas[84] ».

La pauvreté marginale (le clochard, le mendiant dans le pays riche) ne pose guère plus de problèmes.

Le problème est celui de la « pauvreté disqualifiante » qu'il vaudrait mieux appeler par son nom : la misère. La misère est la pauvreté lorsqu'elle devient insupportable. Ici on a une rupture, une chute, une déchéance.

Majid Rahnema[85] reprend la distinction de saint Thomas : la pauvreté est le manque du superflu, la misère est le manque du nécessaire. Si pauvreté et misère sont proches en termes de quantité de richesses, il y a entre les deux une différence de nature. Si la pauvreté est une affaire économique, la misère est une affaire morale. Si l'éthique religieuse prône souvent la pauvreté et le renoncement aux biens matériels, c'est parce que la pauvreté serait même le rempart le plus sûr contre la misère.

Le malheur du paysan du Sud commence lorsque, délaissant les cultures vivrières traditionnelles, il s'engage sur la voie des cultures commerciales et s'oblige, pour vivre, à vendre ses produits et à acheter ailleurs des denrées alimentaires. Tant qu'il vit, même péniblement, de son travail, il est pauvre. Quand, tout en travaillant, il n'a pas assez pour subvenir à ses besoins, il devient misérable.

Majid Rahnema en vient à envisager une hypothèse effroyable : « Les campagnes visant à l'éradication de la

---

84. Lucy Mair, citée par Majid Rahnema, in *Quand la misère chasse la pauvreté*, Actes Sud, 2003.

85. Majid Rahnema, *idem*.

pauvreté participent à leur façon aux processus de création de la misère[86]. »

Le monde dans lequel on vit est parcouru par de drôles d'équivalences. Ainsi, si pendant les « trente glorieuses » le Nord s'est souvent enrichi de la pauvreté du Sud, désormais l'enrichissement relatif des pays du Sud provoque l'appauvrissement des plus modestes au Nord. La croissance, ultime paradoxe, peut même provoquer le retour de la misère dans les pays riches. On sait que nos pays voient se développer le nombre de SDF et de *working poors*, ces « misérables » sont devenus malheureusement une présence familière dans les villes les plus riches du monde.

Il existe dans les pays riches une autre forme de misère, moins spectaculaire mais tout aussi catastrophique : l'obésité.

Trente pour cent de la population des États-Unis, c'est-à-dire pas loin de 100 millions de personnes, est obèse. Le pourcentage augmente également dans d'autres pays riches comme le Royaume-Uni (22 %) ou la France (10 %).

S'il s'agissait là d'un phénomène individuel on pourrait surseoir. Malheureusement, bien que la génétique y joue un rôle, il s'agit de toute évidence d'un phénomène social. L'obésité est une maladie de la pauvreté. De la pauvreté dans les pays riches : aux États-Unis comme ailleurs, elle touche de manière évidente les plus démunis : notamment les minorités noire et hispanique. Pour les femmes de ces communautés, les taux dépassent 50 %.

86. *Idem.*

Est-ce pour ça qu'on s'enrichit, qu'on se développe ? Bien entendu, les dealers de friandises, de hamburgers et de boissons pétillantes clament haut et fort leur innocence du haut de leurs chiffres d'affaires, eux aussi obèses, tout en inondant le marché de produits « light ». Les économistes libéraux continuent à évoquer la sacro-sainte responsabilité individuelle. Chacun est responsable de sa vie, de ses choix, de son alimentation. En attendant, l'obésité coûte aux États-Unis quelque chose comme 100 milliards de dollars par an en frais médicaux et en coûts indirects. Qu'importe si la longévité diminue, si les maladies cardio-vasculaires et le diabète explosent, si des millions d'hommes n'ont plus de vie sexuelle, s'ils plongent dans la dépression ? Les caddies sont pleins. Le PNB augmente. Tout va bien.

Alors, heureuse la ménagère ?

TROISIÈME PARTIE

Le prix et l'équilibre du monde

L'abondance de biens qui est le caractère principal de nos sociétés se fonde sur une conception du monde, et de la nature, comme un univers hostile auquel on doit arracher sans ménagement ses richesses. Cela a abouti à une véritable mise à sac des ressources naturelles et de l'environnement. Car la baisse des prix se paie cash en termes de qualité, mais surtout en termes d'environnement. Aujourd'hui, la prise de conscience des excès commis, loin de les remettre en cause, est l'occasion d'en commettre d'autres, tout aussi scandaleux, mais dans l'autre sens. Le pire étant que la nature elle-même devienne un marché.

Chapitre 7

La « secte libre-échangiste »

Ce sont les mêmes idées qui ont poussé à la libéralisation des marchés financiers qui régissent les échanges internationaux.

L'extension du marché à l'échelle planétaire est le produit du développement à outrance de la spécialisation défendue bec et ongles depuis un quart de siècle par toute une cohorte d'adeptes du libre-échange. Auraient-ils eu raison dans ce domaine ?

Au-delà de ses bienfaits apparents ou réels, la spécialisation est créatrice d'aberrations, de gaspillages, d'injustices flagrantes et de risques accrus pour l'économie et la planète.

Les aberrations d'un monde « tout transport »

En 1993, l'Institut de Wuppertal pour le climat a calculé le trajet des composants d'un pot de yaourt aux fraises : 9 115 kilomètres. En additionnant les trajets du verre, du lait et du produit fini, on arrive à ce total scabreux. Et il s'agit là pourtant d'un produit « local », fabriqué et distribué en Allemagne.

Le Canard enchaîné a révélé une autre affaire. Les langoustines d'Écosse étaient autrefois pêchées et préparées sur place pour le marché britannique. Après le rachat de Young's Seafood par le fonds CapVest, les langoustines sont congelées sur place, envoyées en Thaïlande où elles sont décortiquées, recongelées et réexpédiées en Europe ; un voyage de 27 000 kilomètres[87].

Des situations de ce genre sont pure banalité dans notre monde globalisé.

La moindre canette est faite à partir de bauxite d'Australie, et aucun écran, ordinateur ou appareil photo n'est produit en dehors d'Asie. Tout comme les magnifiques meubles design de chez Ikéa, dessinés en Suède mais fabriqués au Vietnam ou au Pakistan, et vendus aussi bien à Moscou qu'à Singapour.

Et ce n'est pas tout : l'agneau consommé en France, grande puissance agricole s'il en est, vient souvent de Nouvelle-Zélande et, si on ne prend pas garde, on peut bien acheter en Normandie des pommes du Brésil ou de Chine. Quant au poisson que nous consommons, il peut très bien avoir été pêché au large de la Nouvelle-Zélande par un navire japonais avant d'être transformé en Chine et envoyé en Europe.

Une chose est sûre : la croissance mondiale est totalement débitrice de l'expansion des échanges et du transport. Le volume des échanges a été multiplié par cinquante dans

87. *Le Canard enchaîné*, 6 février 2006.

la seconde moitié du xxe siècle, et la croissance du commerce mondial est toujours supérieure à la croissance de la production. De 1994 à 2006, le volume du commerce mondial de marchandises a plus que doublé alors que, sur la même période, la production mondiale augmentait de 40 %.

Si le transport par bateau domine, 35 % (en valeur) des biens échangés dans le monde le sont par avion. Les deux extrémités de la chaîne font intervenir inévitablement le transport routier.

Les techniques du transport sont tellement efficaces que « la hausse du coût de l'énergie change peu les raisonnements des chargeurs[88] ». Cette efficacité s'explique notamment par le développement de l'intermodalité (passage d'un mode de transport à un autre par l'utilisation de conteneurs) et par la mise en œuvre de porte-conteneurs géants pouvant transporter 10 000 conteneurs de vingt pieds.

Nous ne sommes pas arrivés au bout de la logique du transport à outrance, d'autant plus que la baisse du coût du transport s'autoalimente : les prix sont d'autant plus bas que les volumes sont importants. Plus on transporte, plus le prix du transport baisse.

Mais déjà des limites apparaissent.

L'objectif « zéro stock » s'éloigne en même temps que les sources d'approvisionnement. S'approvisionner en Chine sous-entend quatre semaines de stockage (le temps du transport). Curieusement, la baisse des taux d'intérêt rend cet alourdissement des stocks plus supportable.

88. *Les Échos*, 11 mars 2008.

Le transport suppose l'existence de coûts annexes, souvent cachés. Coûts logistiques supplémentaires (de deux à dix fois plus que pour la France), retards, recherche d'intermédiaires, aléas du transport maritime, réactivité moindre...

Certaines entreprises ont même relocalisé en France ou en Europe des productions auparavant réalisées en Chine (meubles de bureau Samas, Thomson AVA). D'autres délaissent leurs fournisseurs chinois pour des réapprovisionnements rapides, et s'adressent au Maghreb ou en Turquie (textile, confection[89]).

Que l'on ne se trompe pas : il est hors de question ici de critiquer et le transport et le commerce. L'un comme l'autre sont des éléments essentiels du progrès et de la liberté de l'homme. Ce qu'il convient de critiquer, ce sont les excès et les aberrations évidentes. C'est-à-dire le fait qu'en partant de justes préoccupations, on en arrive, par la simple force de la mécanique mise en œuvre, à nier ces mêmes préoccupations. Pour produire moins cher, améliorer le pouvoir d'achat et la qualité de vie, on finit par gaspiller les ressources et dégrader les conditions de vie.

Trouver aberrant l'excroissance des transports n'est pas une survivance d'un attachement rétrograde au « terroir », au pays. Ce n'est pas du chauvinisme passéiste ; c'est un réflexe de bon sens, et qui plus est, de bon sens économique.

89. *Les Échos,* 11 mars 2008.

L'extase théorique du libre-échange

Le raisonnement sur lequel se fonde l'explosion des échanges est le suivant :

- La spécialisation accroît l'efficacité du travail humain.
- L'échange permet à chacun de profiter des talents d'autrui.
- Le commerce est profitable à tous, il crée des « avantages réciproques ».
- Et, pour finir, le commerce est le meilleur vecteur de développement.

La défense du libre-échange s'appuie sur trois théories.

La première, un peu rustique mais puissante, est celle d'Adam Smith, dite des « avantages absolus ». Chacun doit se spécialiser dans ce qu'il fait le mieux et acheter ce qui est moins cher à acheter qu'à produire. Ce qui est vrai à l'échelle de l'individu est vrai à l'échelle des pays.

David Ricardo a approfondi cette idée avec la théorie des « avantages comparatifs ». Un pays doit se spécialiser même s'il est meilleur (ou moins bon) que les autres dans tous les domaines. S'il choisit celui où il a le plus d'avantages (ou le moins de désavantages), sa spécialisation sera aussi profitable.

Au XXe siècle, cette idée a été explicitée par le « théorème HOS » (Hecksher, Ohlin, Samuelson) qui insiste sur « la dotation en facteurs de production » : un pays doit se spécialiser dans la production pour laquelle il est le mieux doté en facteurs de production. Le pays à forte main-d'œuvre devra se spécialiser dans les productions nécessitant beaucoup de main-d'œuvre. Celle-ci étant moins chère qu'ailleurs (car plus abondante), le pays aura des produits plus compétitifs.

Le développement des pays d'Asie semble démontrer la justesse de cette analyse et de son corollaire : en effet, si le pays à forte main-d'œuvre se spécialise dans les activités demandant beaucoup de travail, le prix de celui-ci va augmenter jusqu'à épuiser cet avantage. Ainsi, des pays comme le Japon, Taïwan, ou la Corée du Sud se sont développés grâce à des salaires bas. Lorsque ceux-ci ont augmenté en même temps que le pays se développait, les entreprises ont délocalisé vers d'autres pays d'Asie à salaires plus bas. À ce jeu-là tout le monde gagne. Les consommateurs, qui peuvent acheter moins cher, et les producteurs dont l'effort et les sacrifices (les bas salaires) sont récompensés à terme par le développement et ses avantages.

Voilà la fable libérale du libre-échange. À première vue, il n'y a rien à redire. La puissance du raisonnement et ses preuves concrètes ne laissent aucune place au doute ni à la critique. Celui qui, dans un pays riche, viendrait à se plaindre de se retrouver au chômage à la suite d'une délocalisation serait immédiatement taxé d'imbécile et éventuellement de privilégié. Pourquoi l'emploierait-on, lui, à 1 500 euros par mois, alors que le Chinois se contente de 100 ?

Les partisans de l'échange débridé ont un autre argument : la lutte contre l'inflation et la vie chère. La meilleure allocation permise par les échanges profite à tout le monde. Surtout aux pauvres. Ainsi la libéralisation réduit les inégalités. C'est ce que soutient, par exemple, Kenneth S. Rogoff, économiste du FMI et professeur à Harvard : « La réduction de l'inflation s'est avérée extrêmement favorable à la croissance et aux pauvres [car l'inflation est] l'un des impôts les plus cruels et les plus régressifs. [...] Les coûts de l'inflation sont supportés essentiellement par les pauvres, parce qu'ils n'ont pas les moyens de diversifier leur patrimoine en acquérant des actifs insensibles à l'inflation[90]. »

La mondialisation est donc une excellente chose pour l'économie, il fallait qu'elle fût bonne de tous les points de vue. Dans ce domaine, les partisans du libre-échange ont parfois perdu toute retenue. Parmi les divagations théoriques qui ont accompagné le développement du marché planétaire et qui tendent à en prouver la bonté, certaines méritent d'être rappelées. Ainsi Francis Fukuyama a défrayé la chronique avec un livre écrit au moment de la chute de l'URSS et dans lequel il annonçait tout simplement la *fin de l'Histoire*, vu que désormais le monde avait trouvé deux systèmes parfaits : le marché et la démocratie[91].

Plus récemment, Thomas Friedman en a émis une autre tout aussi naïve et désarmante. C'est ce qu'on a pompeusement appelé « la théorie des arches dorées ». Les arches dorées ce sont les jambes stylisées du « M » de McDonald's, un vendeur de hamburgers présent dans 121 pays.

La « théorie » dit tout simplement qu'il ne peut pas y avoir de guerre entre deux pays où McDonald's est implanté. L'idée est connue depuis toujours. Deux pays qui ont des liens économiques n'ont aucun intérêt à se faire la guerre. Derrière le ridicule de la proposition (fausse qui plus est :

---

90. Kenneth S. Rogoff, in *Problèmes économiques*, n° 2853, p. 42.

91. Francis Fukuyama, *La Fin de l'histoire et le Dernier Homme*, Flammarion, 1993.

il existe des McDo en Russie et en Géorgie), se cache à peine la prétention encore plus ridicule des partisans du marché d'en faire une sorte de vecteur universel de bonheur pour l'humanité.

Tite Live a écrit à propos des Romains : « Ils ont fait un grand désert et ils ont appelé cela la paix. » On pourra désormais écrire à propos de nos adorateurs du libre-échange : « Ils ont fait une baraque à frites, et ils ont appelé cela la paix. »

La réalité des échanges planétaire est un peu moins rose que la théorie. Du moins la théorie dans la version simplifiée de la vulgate libre-échangiste.

Un rappel d'abord. Dans les années cinquante/soixante-dix, les mêmes idées libéralo-ricardiennes ont poussé les pays du tiers-monde à se spécialiser dans les productions agricoles et minières. Démunis de capital et de travail qualifié, ils ont considéré que leur « dotation » gagnante était celle de la nature : soleil et richesse du sous-sol. Allons-y donc pour la banane, le café, le cacao ; le cuivre et les phosphates. Aucun pays n'a réussi à se développer en suivant cette voie. L'Afrique en est toujours prisonnière. Certains économistes en ont analysé l'échec et lui ont donné un nom : l'échange inégal. Jagdish Bhagwati a même parlé de « croissance appauvrissante », traduction imparfaite de *immiserating effect of trade.* Il s'est révélé que les échanges (qu'on appelait à l'époque « Nord-Sud ») étaient un véritable jeu de dupes. Comme les prix des produits exportés par le Sud baissaient et que ceux du Nord augmentaient, les uns s'enrichissaient et les autres s'appauvrissaient, tout en produisant plus !

Ce phénomène a donné lieu à un débat complexe. Dans les années récentes, les partisans de l'échange inégal ont été discrédités par la domination libérale et on les a oubliés. Il est probable que l'échange soit inégal, mais pas forcément et pas seulement dans le sens qu'on croyait.

Des détournements de richesses, il y en a eu dans l'histoire du développement économique, notamment dans les échanges entre secteurs d'activité. On sait que l'agriculture est perdante dans ses échanges avec l'industrie, et encore plus avec le commerce. De même, l'industrie est perdante face aux services. Alors, si l'industrie est dans un pays et le tertiaire dans un autre, les mêmes détournements de richesses devraient se produire.

Curieusement, la Chine connaîtrait une détérioration des termes de l'échange, due autant à la hausse des prix des produits à haute technologie importés qu'à celle des prix des produits bruts comme le pétrole[92]. Cela ne semble pas la gêner outre mesure.

Pendant ce temps-là, les pays d'Extrême-Orient, qu'on allait bientôt appeler les « dragons » (Corée du Sud, Taïwan), se lançaient dans le développement en suivant une tout autre stratégie : protectionnisme à outrance dans le domaine agricole, ouverture agressive dans le domaine des biens manufacturés. On connaît la suite de l'histoire, mais on oublie trop souvent le détail suivant : les « dragons » ont profité dans leur expansion d'une rampe de lancement peu banale, l'aide massive des États-Unis. Ces pays se situant dans la périphérie du

92. *Problèmes économiques*, n° 2946, p. 23.

monde communiste, les Américains n'ont pas hésité à mettre la main au portefeuille. La même recette avait été utilisée avec succès pour le Japon et l'Allemagne fédérale. Dont le statut était passé dare-dare de celui d'ennemi à neutraliser à celui d'ami à soutenir. Guerre froide aidant.

Il serait donc quelque peu expéditif d'encenser une « théorie » pour les exploits réussis en oubliant les échecs de la même théorie. Mais le problème est bien plus complexe.

Le marché mondial n'est pas un lieu neutre où viennent se mesurer les forces et les faiblesses économiques des différents pays pour un résultat miraculeux : le bien de tous. C'est une jungle avec bien peu de règles, un champ de forces phénoménales où les enjeux économiques sont aussi géopolitiques, stratégiques, culturels.

Les économistes de bonne volonté en ont souligné les aspects « scabreux » par rapport au dogme dominant. Une série de bémols qui, additionnés, limitent fortement la portée du credo libéral.

Premier constat : les échanges devraient se faire entre pays différents ; en réalité, ils ont lieu très majoritairement entre pays similaires. Et ils portent, qui plus est, sur des produits comparables. Ainsi la France a comme premier partenaire l'Allemagne, et l'UE les États-Unis. Visiblement le commerce « extérieur » ressemble de plus en plus au commerce « intérieur ». Le commerce intrabranche représente de 30 à 80 % du commerce extérieur de produits manufacturés et demeure en constante augmentation.

Deuxième constat : les échanges internationaux sont de plus en plus souvent une affaire interne aux entreprises plutôt qu'une affaire de pays (le commerce dit intra-entreprise qui n'a pas beaucoup intéressé les économistes). En 2002, 47 % des importations américaines venaient de filiales d'entreprises américaines. Voilà qui pose le problème du déficit américain sous un tout autre angle.

Troisième constat : la mondialisation n'est pas un jeu « gagnant-gagnant », mais un transfert de richesses aux conséquences peu idylliques.

Samuelson, coauteur du fameux théorème HOS, a revu récemment ses conclusions sur la portée du libre-échange : il est convenu (notamment sur la base du théorème sus-cité) de dire que le libre-échange aboutit à la réciprocité des avantages. Les deux partenaires d'un échange international en tirent profit. Samuelson a revu sa copie. Il constate désormais que le libre-échange peut être avantageux pour l'un seulement des partenaires. Analysant les échanges entre les États-Unis et la Chine, il considère qu'ils pourraient bien n'être avantageux que pour cette dernière. À moins que la Chine ne se cantonne durablement dans la fabrication de produits à faible valeur ajoutée. Paul Krugman a dit que les pays asiatiques seraient condamnés à une croissance « par transpiration et non par innovation[93] ». Selon Maurice Allais, « ce serait là méconnaître totalement les capacités de travail et d'intelligence du peuple chinois. À continuer ainsi à soutenir de telles absurdités, nous allons au désastre[94] ».

93. Paul Krugman, in *Le Monde*, 29 juillet 1996.

94. Maurice Allais, *La Mondialisation, le chômage et les impératifs de l'humanisme*, Colloque UNESCO, 10 avril 1999.

Samuelson constate également que parmi les effets pervers du commerce international, il en est un qu'il serait sage de ne pas sous-estimer : l'augmentation des inégalités à l'intérieur des pays. Le commerce international permet l'augmentation des revenus élevés parce qu'il « fait baisser le taux de salaire des travailleurs moyennement qualifiés ou des ouvriers[95] ».

Une des évidences du commerce international est son aspect oligopolistique : une demi-douzaine de multinationales se partagent l'essentiel du marché des produits agroalimentaires, le marché du pétrole, celui des matières premières. Il est peut-être expéditif de considérer les relations entre ces grandes firmes comme une véritable concurrence. Le poids des firmes est tel qu'elles peuvent influencer notamment la fixation des prix. Il serait naïf de croire qu'elles le font pour le bien de l'humanité.

Le prix Nobel d'économie 2008, Paul Krugman, a révolutionné la théorie du commerce international par la prise en compte des phénomènes d'économies d'échelle et de rendements croissants que les théoriciens précédents avaient délaissés[96]. Bien qu'ennemi du protectionnisme, il considère que ses travaux ont fait perdre au libre-échange « son innocence », que la concurrence internationale est « imparfaite » et que les États doivent mener une « politique commerciale stratégique » ; en clair, les États peuvent et même doivent « aider » les entreprises nationales.

95. Paul A. Samuelson, in *Journal of Economic Perspectives*, été 2004.

96. Paul Krugman, *La mondialisation n'est pas coupable, op. cit.*

On le voit donc, la réalité du commerce international est bien plus complexe que ne le suggère le credo libéral. Une question se pose donc : pourquoi au cours des dernières décennies l'exaltation du libre-échange a assumé une telle ampleur, une telle vigueur, une telle outrecuidance ?

Ce qu'il faut bien comprendre c'est que le commerce international est devenu plus qu'une figure imposée de la langue de bois économique, un argument irrésistible qui a la rare capacité de mettre en déroute le contradicteur, le faire taire, le rendre définitivement honteux. La guerre économique est devenue l'arme fatale des partisans du libéralisme ; l'argument qui fait accepter tous les autres. C'est lui qui permet aux « ânes » et aux « singes savants » « répétant en boucle les articles de foi du gospel des marchés[97] » de se transformer en donneurs de leçons sans jamais avoir pris la peine de réfléchir sur la complexité du problème.

La chienlit libre-échangiste

Que les échanges soient une bonne chose, cela tombe sous le sens. Qu'un protectionnisme modéré, ciblé, intelligent en soit une autre, cela va de soi. Bon nombre de réussites de l'Europe (comme la PAC, Airbus ou Ariane) en sont l'exemple.

Un des mystères du débat économique récent en France, c'est qu'il a exclu avec une rigueur réellement étonnante

97. Frédéric Lordon, in *Le Monde diplomatique*, mars 2008.

toute référence à l'œuvre d'un penseur éminent qui possède la particularité, excusez du peu, d'être le seul prix Nobel français d'économie. Il s'agit de Maurice Allais. Peut-être que ses opinions, pas toujours « politiquement correctes », le rendent difficile à manœuvrer, mais il présente un grave inconvénient : prix Nobel pour ses travaux sur l'équilibre du marché, il est probablement le plus dur fustigateur de ce qu'il appelle sans détour la « chienlit laisserfairiste ».

Selon Allais, le libre-échange est devenu « un principe sacro-saint, un dogme universel, véritable religion, [les économistes et hommes politiques sont] totalement dominés, à vrai dire envoûtés […] Le principe est que n'importe quoi peut être fabriqué n'importe où dans le monde et vendu n'importe où ailleurs[98]. »

Toute l'économie mondiale actuelle repose sur l'idée que le fonctionnement libre et spontané du marché conduit à une allocation optimale des ressources : c'est la base de la doctrine libre-échangiste, « dont l'application aveugle et sans réserve à l'échelle mondiale, poursuit Allais, n'a fait qu'engendrer partout désordres et misères de toutes sortes ».

Cette idée est « totalement erronée » et traduit une « totale ignorance de la théorie économique » à cause de la confusion de deux concepts totalement différents : le concept d'efficacité maximale de l'économie et celui de la répartition optimale des revenus.

Or, selon Allais, il n'y a pas une situation d'efficacité maximale mais une infinité, et la théorie ne dit pas laquelle de

98. Maurice Allais, *La Mondialisation : la destruction des emplois et de la croissance*, Éditions Clément Juglar, 1999.

ces solutions optimales est préférable. « Ce choix ne peut être effectué qu'en fonction de considérations éthiques et politiques relatives à la répartition des revenus et à l'organisation de la société. [...] Il n'est pas démontré qu'à partir d'une situation initiale donnée, le fonctionnement libre du marché puisse mener le monde à une situation d'efficacité maximale », et de conclure « jamais des erreurs théoriques n'auront eu autant de conséquences aussi perverses[99] ».

Il faut au marché un cadre, des régulateurs. « L'économie de marché ne peut fonctionner correctement que dans un cadre institutionnel, politique et éthique qui en assure la stabilité et la régulation [...] L'économie mondiale est actuellement dépourvue de tout système réel de régulation [...] elle ne tient aucun compte des coûts externes qu'elle génère[100]... »

Quelques conclusions semblent s'imposer.

D'abord, le marché est une excellente chose à condition qu'il ait des règles. On a voulu généraliser à l'échelle planétaire ce qui, au niveau national, est le produit d'une longue histoire, notamment juridique. Or, au niveau international, les règles viennent à manquer, notamment par l'absence d'une instance politique supranationale.

Il est évident que les conditions de travail, de rémunération, de protection sociale existant dans les différents pays sont incomparables. C'est bien cette différence qui est le moteur principal du commerce international. Les cyniques ajouteraient même que c'est le seul véritable intérêt de la

99. *Ibidem.*
100. *Ibid.*

mondialisation. Nos entreprises pourraient ainsi échapper aux contraintes et aux coûts issus de deux siècles de progrès social et de législation. Le problème consiste ici à fixer les limites entre une concurrence saine et acceptable et ce qui ne peut être que du dumping social. Si un salaire plus bas permet à un travailleur d'avoir un niveau de vie acceptable, qu'il soit le bienvenu. Mais si le coût du travail très faible s'explique par le travail des enfants, par des conditions de travail proches de l'esclavage ou du goulag, et par l'interdiction des droits élémentaires, il est évident que cela est inacceptable.

Le Bureau international du travail (BIT) a publié un rapport sur la dimension sociale de la mondialisation (« Une mondialisation juste ») après en avoir rappelé les aspects positifs (200 millions de personnes sorties de la pauvreté en Asie). Le rapport souligne le fait que la mondialisation pèse sur les salaires ; que les privatisations de services publics (eau, électricité, santé) imposées par les organisations internationales (Fonds monétaire international, FMI ; Organisation mondiale du commerce, OMC), « arrogantes et ignorantes de la situation locale », « aggravent la pauvreté ». Que les employeurs remplacent « des emplois décents par du travail informel, intermittent, à la tâche, sans aucune sécurité ». Que la mondialisation provoque le développement des activités illégales : trafics en tout genre, exploitation des enfants, y compris sous les pires formes. Et pour conclure : « Les marchés mondiaux se sont développés sans que se développent parallèlement les institutions économiques et sociales nécessaires pour qu'ils fonctionnent sans à-coups et équitablement. [...] Il est urgent de repenser nos politiques et nos institutions actuelles[101]. »

Un autre dumping est de mise dans les échanges internationaux. Celui qui sacrifie, non les hommes, mais la nature. En 1988, William Baumol et Wallace E. Oates ont montré que la spécialisation internationale pouvait également se faire en fonction des législations environnementales des différents pays. La fixation de normes sévères au Nord pousse les entreprises polluantes à aller s'installer au Sud[102].

Le même phénomène s'est produit au sein même des États-Unis où les législations des différents États, plus ou moins exigeantes, ont poussé les entreprises à opérer des délocalisations à l'intérieur de l'union. Au début des années soixante-dix, l'État a fait voter des lois fédérales pour éviter ce genre de phénomène.

Les activités ayant choisi des pays plus accueillants sont nombreuses : les tanneries, les pesticides, les solvants. Dans ce domaine, les délocalisations entre les États-Unis et le Mexique sont des exemples éloquents. On se souvient par ailleurs des malheurs des Indiens de Bhopal, des activités de désamiantage des navires en Inde. La Banque mondiale et les économistes qui travaillent pour elle nient cet état de fait. Selon eux, le différentiel en législation environnementale n'est pas un critère important des délocalisations ; c'est vrai qu'il en existe d'autres, plus puissants. On peut

101. Rapport du BIT du 24 février 2004.

102. William Baumol et Wallace E. Oates, *The Theory of Environmental Policy*, Cambridge University Press, 1988.

espérer que leur position change au fur et à mesure que les législations du Nord se durcissent.

En attendant, une nouvelle division internationale du travail se dessine avec, pour le Sud, un autre échange inégal.

Une petite devinette : « Comment fait-on pour savoir quelles couleurs seront à la mode en Occident l'année prochaine ? Il suffit de regarder la couleur des fleuves en Chine. » Selon la Banque mondiale, 60 % des rivières chinoises sont gravement polluées et 750 000 Chinois meurent chaque année du fait de la pollution. Dans beaucoup de pays émergents on note même « une décapitalisation nette : la croissance économique ne compensant pas la perte d'actifs naturels[103] ».

Dumping social, dumping environnemental, coût de la pollution par le transport. Il ne faudrait pas oublier l'essentiel : la faim. La faim qui touche 800 millions de personnes dans le monde n'est pas le produit de la mondialisation mais d'une mauvaise mondialisation.

Les flux de produits agricoles canalisés par les intérêts commerciaux se détournent de plus en plus des formes d'alimentation humaine traditionnelles et se dirigent de plus en plus vers ce qui est le plus rentable : les productions animales. 38 % des céréales produites dans le monde et 90 % de la production de soja sont destinées à l'alimentation du bétail. Sur un hectare on peut produire au choix 25 kilos de protéines de bœuf ou 500 kilos de protéines de soja.

« L'injustice de l'ordre économique mondial, fondé sur l'argent et la concurrence, se révèle particulièrement sur

103. *Problèmes économiques*, n° 2962.

ce continent, où ses dégâts se mesurent en termes de vie et de mort. Vue d'Afrique, la « mondialisation heureuse » apparaît comme ce qu'elle est : une sinistre escroquerie[104] ».

La généralisation des échanges serait donc porteuse de croissance et de progrès pour les peuples du tiers-monde. Soit. Elle peut aussi engendrer des monstres. L'insertion dans le commerce mondial sous-entend pour les populations asiatiques ou africaines l'acceptation d'un modèle culturel et social exogène. Personne n'y trouve à redire puisqu'il est sous-entendu que notre culture est la meilleure. Bien sûr, il n'y a que Berlusconi et ses ministres pour le dire explicitement (« il n'y a pas de choc des civilisations parce qu'il n'y a civilisation que d'un côté »), mais c'est bien le sous-entendu de la vision occidentale du monde. Même si on l'enduit avec un discours mièvre (notamment dans la publicité) du style « nous sommes tous frères » ou « united colors of... », nous sommes persuadés d'apporter la bonne parole aux « sauvages ». Parlant des Américains, André Siegfried a écrit : « Leur christianisme est un christianisme d'élus comportant le devoir missionnaire d'une élite chargée d'améliorer le monde[105]. »

Une bonne parole qui se résume en deux mots : marché, démocratie. La juxtaposition de ces deux notions montre à quel point le mensonge est éhonté. Si on s'empresse d'*apporter la démocratie* à l'Irak, on est moins pressé en ce qui concerne la Chine ou la Russie. Malgré les agitations sentimentalo-médiatiques autour du Tibet ou du Dalaï-Lama.

104. *Atlas du Monde diplomatique*, 2006.

105. André Siegfried, *Tableau des États-Unis*, Sciences politiques, 1954.

L'acceptation de notre modèle économique social et culturel induit dans les pays extra-européens un métissage pour le moins sulfureux.

Cela a été le cas au Japon. Du temps de la splendeur économique de ce pays, les observateurs occidentaux s'extasiaient devant la synergie extraordinaire de la culture japonaise traditionnelle avec les impératifs de la compétition économique internationale. Respect des hiérarchies, esprit de groupe, nationalisme économique, goût pour le travail bien fait. L'Occident en est arrivé à prendre le Japon comme exemple en adoptant, par exemple, le toyotisme comme mode de production[106].

On insiste moins sur l'autre aspect du métissage. Un pays écartelé entre le raffinement de sa culture et la violence du travail à l'occidentale[107].

Un pays où le bonheur familial est entièrement sacrifié à la réussite, scolaire pour commencer, professionnelle ensuite. Dès lors, des faits aussi graves que le suicide des enfants ou « la mort subite du cadre » sont considérés comme des épiphénomènes exotiques. Ce n'est là que la pointe émergée de l'iceberg d'un malheur national bien plus lourd. Il faut voir ce qu'est devenue la vie sexuelle des Japonais. Selon un rapport de Durex (si… si) en 2004, les Nippons auraient en moyenne 46 rapports sexuels par an. Le chiffre le plus bas du monde.

106. Dominique Nora, *L'Étreinte du samouraï*, Calmann-Lévy, 1994.
107. Satoshi Kamata, *Toyota : l'usine du désespoir*, Éditions Demopolis, 2008, et *Japon : l'envers du miracle*, La Découverte, 1982.

Au lieu de s'extasier sur le modèle japonais, on devrait plutôt se demander si le mariage entre le capitalisme et les archaïsmes de la société nippone n'a pas engendré un monstre.

En ce qui concerne la Chine, le doute n'est pas réellement de mise. Le monstre chinois est particulièrement repoussant. La culture chinoise, bâtie sur l'idée de cohabitation et d'harmonie des contraires (le yin et le yang) a permis la réalisation du slogan schizophrène « un pays, deux systèmes ». On a ainsi gardé ce qu'il y a de pire dans le communisme (la dictature politique, l'existence d'une caste monopolisant le pouvoir, la « paix sociale », l'embrigadement de la population et sa dépolitisation),et on a adopté ce qu'il y a de plus repoussant dans le capitalisme : inégalités ahurissantes, travail bestial, et consumérisme à outrance.

On ne peut que rendre hommage, encore une fois, aux analyses de Fernand Braudel qui avaient montré, de manière prémonitoire, que le capitalisme est une entité parasitaire capable de se greffer sur n'importe quel système social, à une condition : que celui-ci soit inégalitaire. Le capitalisme se nourrit d'inégalités ; elles sont l'air qu'il respire, la condition sine qua non de l'accumulation et de l'émulation.

Sur des sociétés aussi inégalitaires que celles d'Asie, la greffe ne pouvait être qu'une parfaite réussite.

CHAPITRE 8

Marshall et son double

Parler du monde sans parler du rôle que les États-Unis y jouent serait assez maladroit. Bien que relativement peu ouverts sur l'extérieur, les USA sont la première puissance commerciale et monétaire mondiale. Leur rôle dans les échanges planétaires est non seulement primordial, il y est aussi quelque peu « privilégié ». Les organismes qui, par ailleurs, gèrent la mondialisation, la surveillent et l'organisent sont encore sous son influence.

On ne réglera pas les problèmes du monde sans réfléchir sérieusement au problème de la place que les États-Unis y occupent. D'autant plus que ce pays, si souvent pris en modèle de référence, est redevenu, depuis l'élection de Barack Obama, celui dont le monde entier attend la solution miracle pour sortir de la crise. Mais il se pourrait fort que les États-Unis avant d'être la solution soient le… problème.

Les piliers de la pax americana

Lorsque le secrétaire d'État américain Marshall prononce, le 5 juin 1947, à l'université de Harvard son discours annonçant le « programme de reconstruction européenne », il ne se doute probablement pas à quel point ce qu'on appellera le plan Marshall va avoir un impact déterminant sur le sort du monde.

L'aide de 13 milliards de dollars que les États-Unis offrent à l'Europe est un véritable chef-d'œuvre économique et diplomatique. Cette aide ne pourra être utilisée que pour acheter des produits américains, les seuls disponibles, et fera de l'Europe un marché captif pour la surpuissante économie américaine hypertrophiée par quatre ans de guerre. Lui évitant une douloureuse crise de redéploiement.

Les pays acceptant l'aide seront « normalisés », c'est-à-dire intégrés dans la sphère politique et militaire des États-Unis. Dans les semaines précédentes, les ministres communistes de France, Belgique et Italie ont déjà fait leurs valises.

Lorsque Marshall dit « Notre politique n'est dirigée contre aucun autre pays, aucune doctrine, mais contre la famine, la pauvreté, le désespoir et le chaos », il ne ment pas, il respire.

Il sait pertinemment que les Soviétiques et leurs satellites ne pourront jamais accepter son aide. Ils prendront ainsi l'initiative de la rupture, tirant les États-Unis de l'embarras d'une telle opération.

Il sait surtout que le Congrès ne pourra accepter de voter l'aide qu'à condition que les Soviétiques la refusent.

Un chef-d'œuvre similaire avait été signé quelques mois auparavant par les collègues de Marshall, notamment Harry Dexter White, à la conférence de Bretton Woods (juillet 1944). Il s'agissait là de jeter les bases d'un nouveau système monétaire international.

John Maynard Keynes, représentant du Royaume-Uni, avait préparé un plan audacieux, visant à mettre fin à l'agitation et à l'égoïsme monétaire d'avant-guerre et à la « relique barbare » qu'était selon lui l'étalon-or : la création d'une monnaie internationale, le *bancor*, gérée par un organisme international et réservée aux échanges, ainsi que la mise en place d'un système de solidarité entre pays à échanges déficitaires et excédentaires. Sans oublier un contrôle strict des mouvements internationaux de capitaux.

Le plan Keynes n'avait aucune chance d'être adopté et les Américains l'avaient rejeté bien avant la conférence. Qui ne fut qu'une mise en scène. « Les Américains, écrit Keynes, n'ont aucune idée sur la manière de placer ces institutions dans une perspective d'intérêt international, et leurs idées sont mauvaises dans presque toutes les directions. Ils sont pourtant déterminés à imposer leurs convictions sans considération pour le reste d'entre nous [...]. S'ils connaissaient la musique, passe encore, malheureusement ils ne la connaissent pas[108]. »

On connaît la suite.

Le système mis en place faisait la part belle au dollar, seule monnaie convertible en or qui devenait également la

108. Cité par Gilles Dostaler, « Keynes et Bretton Woods », *Interventions économiques*, n° 26, 1994

monnaie la plus avantageuse pour financer les échanges et constituer des réserves.

Grâce aux rampes de lancement que furent le plan Marshall et Bretton Woods, les États-Unis devinrent le centre de l'économie mondiale, son fournisseur, son banquier.

Il manquait à l'appel une organisation internationale du commerce, pour promouvoir le libre-échange. À défaut de mieux, on mit en place le General Agreement on Tariffs and Trade (GATT).

Tant que les Américains ont su tenir leur rang de puissance dominante, tout s'est passé pour le mieux. Le monde a profité de stabilité et de croissance. Les États-Unis probablement plus que les autres.

Il y avait une condition pour que le système fonctionne correctement. Le dollar était le pivot de la finance internationale et le monde avait besoin de dollars. Les États-Unis en inondèrent le monde par le biais des aides aux pays amis (après l'Europe, le Japon, la Corée du Sud et Taïwan placés sur la frontière avec le monde communiste), et par le biais des investissements des multinationales, mais également par les dépenses liées à la guerre du Vietnam. Le dollar devint la monnaie la plus utilisée dans les échanges.

Le système mis en place commencera à se lézarder dès la seconde moitié des années soixante.

Le dollar était d'autant plus apprécié qu'il était *as good as gold* (aussi bon que l'or) ; les États-Unis détenaient au sortir de la guerre plus des trois quarts du stock mondial du métal précieux, grâce aux affaires juteuses réalisées durant le conflit. Mais la convertibilité-or du dollar (sur la base de 35 $ l'once), nécessaire à sa puissance, était aussi son talon d'Achille.

Certains économistes comme Jacques Rueff, conseiller de De Gaulle, commencèrent à trouver dangereuse cette profusion de dollars et le privilège permettant aux États-Unis de payer leurs dettes avec leur monnaie sans faire d'efforts pour équilibrer leurs paiements. De Gaulle exigea le remboursement en or des avoirs français en dollars. Sage décision puisque la situation américaine va bientôt basculer.

Le tournant se situe en 1971. Cette année-là, pour la première fois, la balance commerciale américaine devient déficitaire. Une nouvelle ère commence pour le monde.

Un plan Marshall à l'envers

L'Europe reconstruite avait connu une croissance extraordinaire. Le Japon, jetant toute son énergie dans la guerre économique, en avait bâti une encore plus étonnante. L'économie américaine de son côté s'était laissée aller à toutes sortes d'excès, notamment dans le domaine de la consommation, d'énergie en particulier.

De moins en moins compétitive, pouvant acheter de tout et à bas prix grâce au dollar surévalué, l'économie américaine commence une lente descente aux enfers.

Après l'annonce du déficit de 1971, Richard Nixon suspend sine die la convertibilité-or du dollar. Il n'est plus question de laisser se poursuivre l'hémorragie. La couverture-or du billet vert n'est plus que de 22 %. Désormais ceux qui détiennent du dollar n'auront plus que leur confiance envers les États-Unis comme garantie. Quelques autres mesures sont prises dans l'urgence : surtaxe des importations, dévaluation du dollar. Rien n'y fait.

Jusqu'à aujourd'hui la balance commerciale des États-Unis est restée bloquée dans le rouge. Non seulement le déficit persiste mais il se creuse. On compte d'abord en dizaines de milliards de dollars par an, puis en centaines.

Curieusement, ce qui va sauver les États-Unis c'est… le choc pétrolier.

En quelques années, le prix du pétrole s'envole : de 4 dollars le baril, il va passer à 12 puis à 20, puis à 40 au début des années quatre-vingt.

Or le pétrole se paie en dollars. Au fur et à mesure que le pétrole augmente, la demande internationale de dollars augmente. La monnaie américaine traverse la tempête des années soixante-dix un peu malmenée mais toujours aussi incontournable. D'autant plus que les masses énormes de dollars se baladant en liberté à travers le monde découvrent un autre plaisir dont elles ne se lasseront plus : la spéculation sur les devises. Un banquet dont les portes sont ouvertes en grand par l'abandon des parités fixes et la généralisation des changes flottants. Première victoire des ultra-libéraux et de leur chef : Milton Friedman.

Dans la décennie suivante, elle se permettra même une envolée hyperbolique à la suite de l'arrivée au pouvoir de Reagan et de la politique de désinflation violente mise en œuvre par Paul Volcker, président de la FED. À coups de hauts taux d'intérêt notamment.

Le dollar dépasse les 10 francs, mettant dans l'embarras ceux qui l'utilisent pour acheter du pétrole et, encore plus, ceux qui, comme le Mexique ou le Brésil, se sont fait piéger en s'endettant dans la devise américaine.

Un bonheur étrange commence pour les États-Unis. Un bonheur de somnambule, une insouciance narcoleptique.

Croyant avoir retrouvé leur puissance d'antan grâce aux restructurations violentes des années quatre-vingt, croyant avoir réglé le problème du chômage par les millions d'emplois créés par la « *great job machine* », croyant avoir recouvré leur leadership technologique par l'essor des NTIC, les États-Unis connaissent dans les années quatre-vingt-dix un nouvel âge d'or.

Le pays a retrouvé son *american dream*, d'autant plus que l'ennemi de toujours, l'URSS, mord misérablement la poussière.

Le triomphe n'est pas seulement économique. Il est aussi culturel et idéologique. L'ultra-libéralisme triomphe dans tous les domaines : dans l'économie d'abord où les prix Nobel tombent par demi-douzaines sur l'université de Chicago, fief de Friedman et de ses boys ; en politique, les gouvernements du monde occidental (et de l'ancienne URSS) plébiscitent le modèle américain ; dans la finance enfin, où les marchés de plus en plus déréglementés se lancent à la poursuite de produits de plus en plus sophistiqués.

Une réalité est escamotée dans cette euphorie planétaire : les États-Unis vivent à crédit. Les ménages sont endettés, le gouvernement est endetté, le pays est endetté.

Une part non négligeable de la richesse que les Américains consomment vient de ce « déficit sans douleur », de cette balance commerciale éternellement dans le rouge et de ce dollar qui à aucun moment ne semble vouloir en tenir compte.

Et quand, exceptionnellement, ça semble être le cas, et que le déficit diminue, comme au début des années quatre-vingt-dix, c'est pour mieux repartir en pulvérisant tous les records.

Les États-Unis profitent depuis quarante ans d'un colossal plan Marshall à l'envers.

L'effort qu'ils ont fourni au sortir de la guerre leur revient sous forme d'achats massifs à leurs partenaires économiques, financés par des crédits que ces mêmes partenaires leur consentent.

Les dollars avec lesquels les Américains paient leur déficit *ne reviennent jamais* aux États-Unis. C'est comme si un quidam quelconque payait ses courses avec des chèques qui ne seraient jamais présentés à l'encaissement.

Une monnaie, surtout depuis l'abandon de l'étalon-or, n'a de valeur que comme *bon d'achat* de produits du pays qui l'a émise. Logiquement, un dollar c'est un avoir sur un produit américain. Le pays qui l'a gagné en *vendant* des produits aux Américains ne devrait pouvoir s'en servir qu'en *achetant* un produit aux Américains. Ce dollar, revenant aux États-Unis, on aurait eu un échange produit contre produit.

C'est la logique des échanges internationaux.

Lorsqu'un pays a un déficit commercial (lorsqu'il achète aux autres plus qu'il ne leur vend), il est puni immédiatement. Autrefois, il était obligé d'acheter les produits avec de l'or ; ces sorties d'or faisaient baisser sa parité-or et donc la valeur de sa monnaie. Aujourd'hui, on obtient le même résultat par le jeu de l'offre et de la demande sur le marché des changes. Un pays déficitaire voit donc sa monnaie baisser.

La punition qui s'ensuit est qu'il est obligé de payer ses importations plus cher alors que les autres lui achètent ses produits moins cher. Le pays s'appauvrit donc. Il doit réagir et vendre plus, et acheter moins. La baisse des prix de ses marchandises à l'étranger devrait l'aider.

Les États-Unis, grands prêtres du marché, ne sont pas soumis à cette loi du marché.

Les pays qui obtiennent des dollars en vendant des produits aux États-Unis peuvent, avec ces dollars, acheter n'importe quoi à n'importe qui. Les dollars se baladent allègrement à travers le monde. On peut surtout utiliser ces dollars pour les *prêter* aux États-Unis. Lorsque le gouvernement américain a un déficit (du budget cette fois-ci), il émet pour le financer des bons du Trésor. Les pays qui ont des réserves les achètent. C'est ce que font massivement Chinois et Japonais.

La boucle est bouclée.

Les Américains (ménages, États, pays) vivent au-dessus de leurs moyens. Ils consomment plus qu'ils n'ont. La corrélation entre l'endettement des ménages américains et le déficit de la balance commerciale est très nette.

Qu'à cela ne tienne. Les pays du monde entier leur prêtent de quoi continuer. Aucun pays du monde ne peut se passer des achats américains. Le marché américain est le principal débouché extérieur pour l'économie chinoise, japonaise, européenne.

On est dans une spirale infernale, dans un jeu de dupes où chacun tient l'autre par la barbichette.

Dans cette pantalonnade tragique, l'Amérique devient de plus en plus fragile tout en restant au cœur de l'économie mondiale. « Si les États-Unis étaient une économie de marché émergente – ce qui n'est certainement pas le cas –, ses indicateurs de risque impliqueraient une probabilité de crise de 50 %. » C'est ce qu'écrivaient, en mai 2005, les experts de… Lehman Brothers[109].

Emmanuel Todd, qui avait été un des rares à prévoir la chute de l'Empire soviétique, porte sur la situation des États-Unis des jugements on ne peut plus sévères : « De protectrice l'Amérique est devenue prédatrice. […] Garants de la liberté politique et de l'ordre économique durant un demi-siècle, ils apparaissent de plus en plus comme un facteur de désordre international, entretenant, là où ils le peuvent, l'incertitude et le conflit. » L'Empire américain, en voie de décomposition, met en scène sa toute-puissance en développant un « militarisme théâtral[110] ».

Ce militarisme théâtral, déjà entamé par Reagan et sa « guerre des étoiles », est devenu patent après les attentats du 11 Septembre.

Selon certaines analyses, la guerre en Irak, n'aurait pas été provoquée par la volonté américaine de mettre la main sur le pétrole, mais par la décision de Saddam Hussein de

109. *L'Observateur de l'OCDE*, n° 255.

110. Emmanuel Todd, *Après l'empire*, Gallimard, 2002.

remplacer le dollar par l'euro. « Le 6 novembre 2000, écrit Bulent Gokay, l'Irak annonce qu'il allait cesser d'accepter les dollars en paiement du pétrole dans le cadre du programme pétrole contre nourriture et utiliser l'euro. Deux mois après l'invasion (mars 2003), le dollar fut réintroduit[111]. »

C'est cette même thèse que soutient William R. Clark[112].

L'Iran semble vouloir utiliser le même argument monétaire dans ses « négociations » avec les États-Unis, appuyé en cela par le Venezuela. Qu'il prenne garde.

C'est que le pétrole n'est pas seulement la première source d'énergie du monde et des États-Unis, c'est aussi, avec la puissance militaire américaine, le plus important support de la puissance du dollar. Le pétrole est l'objet d'un double prêt fait aux États-Unis. Les pays producteurs le vendent aux États-Unis en dollars. Les autres acheteurs sont obligés d'acheter du dollar pour s'en procurer. Tout cela contribue à rendre la monnaie américaine incontournable. Malgré tout, le dollar perd du terrain dans le commerce de pétrole. De 2001 à 2004, les dépôts en dollars des pays de l'Opep sont passés de 75 % à 61 %.

« Le dollar est notre devise et votre problème », cette phrase qu'aurait prononcée le secrétaire américain au Trésor John Connolly, au début des années soixante-dix, reste d'une brûlante actualité.

---

111. Bulent Gokay, in *La Pravda*, 15 mai 2006.

112. William R. Clark, *Petrodollar Warfare : Oil, Iraq and the Future of the Dollar*, New Society Publishers, 2005.

Les officines de la mondialisation

Il manque au marché mondial de véritables organismes de réglementation et de contrôle. Pour le moment, trois organisations internationales essaient de gérer la mondialisation : l'OMC, la Banque mondiale et le FMI. Leur action est loin de faire l'unanimité. Notamment par le poids qu'y occupent les États-Unis.

Dans les organismes internationaux, le droit de vote est proportionnel aux apports initiaux. Les États-Unis, disposant de plus de 15 % des droits de vote, ont donc un droit de veto.

L'OMC a une philosophie on ne peut plus simple : généraliser le libre-échange à l'échelle planétaire pour que les bienfaits de la concurrence, notamment la baisse des prix, profitent à l'humanité entière. Elle se heurte régulièrement à des blocages lorsque ses membres trouvent la mondialisation moins rose qu'elle. Cela a été le cas pour le libre-échange des services (échec des négociations de Seattle en 2000), pour l'accord multilatéral sur les investissements (AMI), dossier hérité de l'OCDE, et plus récemment pour les négociations du cycle de Doha.

En attendant d'autres campagnes d'extension du libre-échange, l'OMC se charge de l'arbitrage en cas de conflit entre pays membres : ainsi l'OMC a condamné les États-Unis car ses normes antipollution étaient considérées comme des entraves au libre-échange. En 2007, l'OMC a condamné l'Europe à 254 millions de dollars pour « violation des règles du commerce mondial » pour avoir interdit l'importation de viande utilisant des hormones de croissance.

Le problème avec l'OMC, c'est bien cela : censée s'occuper seulement de commerce, elle déborde régulièrement sur des domaines dans lesquels elle n'a aucune légitimité. Cette philosophie où le commerce prime sur tout (la culture, l'environnement, la santé) a montré maintes fois ses limites. Pourtant l'OMC dure.

La Banque mondiale est issue de la Banque internationale pour la reconstruction et le développement (BIRD) créée en 1944.

Elle a comme but de financer par des prêts à long terme les pays du tiers-monde. Elle se refinance en émettant des obligations.

Dans les années soixante-dix, elle a financé des « cathédrales dans le désert » et autres « éléphants blancs » avant d'abandonner ce type d'intervention. Depuis, la Banque mondiale s'est alignée sur les critères du FMI. On lui reproche parfois un excès de zèle : comme, par exemple, dans le cas de l'industrie textile en Zambie. Ce pays, obligé d'ouvrir ses frontières aux textiles d'importation pour profiter des prêts de la Banque mondiale, a vu son industrie domestique rayée de la carte et 30 000 emplois supprimés. Depuis, on ne s'habille plus qu'avec des vêtements venant des surplus occidentaux[113].

La Banque mondiale a eu à souffrir du passage parmi ses dirigeants de Paul Wolfowitz entre 2005 et 2007, un proche de G.W. Bush dont le mandat a été « catastrophique », et de l'auteur de ce jugement : le prix Nobel Joseph Stiglitz.

---

113. Jon Peter, in *Washington Post*, avril 2002, www.cadtm.org.

Lors de son passage à la Banque mondiale (comme vice-président), Stiglitz a publié un livre[114], tiré à plus d'un million d'exemplaires et traduit en 35 langues, véritable réquisitoire contre les méthodes, et les résultats de la BM et du FMI. Deux reproches en particulier : les organisations internationales font passer les intérêts des États-Unis avant ceux des pays pauvres et leur intervention aggrave les problèmes au lieu de les résoudre. Rien de moins.

Créé dans le cadre des accords de Bretton Woods, le FMI avait à l'origine comme but de prêter de l'argent aux pays membres pour qu'ils garantissent la parité de leur monnaie ; avec la fin des parités fixes et le triomphe des changes flottants, le FMI a changé de métier.

Il agit désormais en situation de crise : c'est un prêteur en dernier ressort qui travaille la main dans la main avec la Banque mondiale. Il a pris l'habitude d'accompagner ses crédits de conditions d'assainissement, qu'on appelle le « Consensus de Washington » (du nom de la ville où siègent le FMI, la BM et… le gouvernement américain) : réformes de structure, réduction des dépenses publiques et des déficits, privatisations, déréglementations, maintien de la parité de la monnaie. Un condensé de libéralisme.

« En 1997, déclarera Stiglitz, le FMI décida de modifier sa charte afin de soutenir la libéralisation des marchés de capitaux. Mais où était la preuve que cette politique serait bonne pour les pays en voie de développement ? C'est ce que je leur ai demandé. Pourquoi n'avaient-ils pas produit

114. Joseph Stiglitz, *La Grande Désillusion*, Fayard, 2002.

de recherches montrant qu'ils étaient sur la bonne voie ? Et qu'ont-ils trouvé à répondre ? “Nous n'avons pas besoin de recherches ; nous savons que c'est vrai” [...] Il était clair qu'il s'agissait pour eux d'un dogme, au sens religieux du terme[115]. »

L'action du FMI a souvent provoqué des réactions hostiles dans les populations et gouvernements des pays dont il s'est occupé. Sa politique a manqué pour le moins de sérénité. Jugé trop sévère avec les uns (la Thaïlande de Suharto humiliée en 1998), trop coulant avec les autres (Argentine), le FMI a été souvent écarté, par exemple par la Malaisie « qui a fait tout le contraire de ce que préconisait le FMI [...], ses conseils en matière fiscale étaient cruels[116] ».

Toujours est-il que de plus en plus de pays s'éloignent de ces organismes internationaux.

En 2005, Rafael Correa, ministre de l'Économie de l'Équateur, avait été limogé pour ne pas avoir suivi à la lettre les consignes de la Banque mondiale, et les prêts à son pays suspendus. Élu président de la République un an plus tard, il réduit d'autorité la part du budget consacrée au remboursement de la dette et met à la porte le représentant de la Banque mondiale.

D'autres pays d'Amérique latine montrent leur mauvaise humeur de manière plus tranchante : en 2007, Argentine et Venezuela se lancent dans le projet de création d'une « Banque du Sud », rejoints rapidement par la Bolivie, l'Équateur, le Paraguay et le Brésil.

---

115. Joseph Stiglitz, interview à *Management Today*, octobre 2006.
116. *Problèmes Économiques*, n° 2937.

Le but de la nouvelle banque serait de financer le développement dans la région, donc remplacer purement et simplement la Banque mondiale ; créer un « fonds monétaire » pour protéger les monnaies et mettre sur pied le chantier d'une monnaie unique, car les échanges entre ces pays se font en dollars.

Elle devra tenir compte en outre des traités internationaux portant sur les droits humains, sociaux et culturels. Ambition qui n'a jamais été celle de la Banque mondiale. Son financement serait assuré non par les marchés, mais par des fonds publics et éventuellement une taxe du type Tobin[117].

On attend que de telles initiatives se multiplient pour que jouent des forces de rééquilibrage. Celles-ci existent et croissent. L'UE bien sûr et l'euro. Mais si la monnaie européenne existe, l'Europe reste un vague projet. Les grandes puissances émergentes, les BRIC (Brésil, Russie, Inde, Chine) qu'il est urgent d'intégrer dans les instances internationales, et pas seulement dans le G20, représentent une réalité incontournable mais ne sont pas encore émancipées.

Certains économistes (notamment ceux du groupe Goldman Sachs) avaient prématurément annoncé le « découplage », c'est-à-dire l'accession de ces pays à une relative autonomie par rapport à l'économie américaine. La crise a prouvé qu'il n'en était rien. Au contraire. La Chine a participé au sauvetage de banques américaines malmenées par la crise (Morgan Stanley) et reste, avec le Japon, le principal

117. *Le Monde diplomatique*, juin 2007.

prêteur aux États-Unis. Chacun de ces pays possède des avoirs en dollars de plus de 800 milliards.

L'émergence des nouvelles puissances se manifeste aussi par l'essor de leurs entreprises qui accèdent au rang de multinationales. Tout le monde connaît Mittal et ses exploits. Le cas Tata Motors, autre multinationale indienne, est intéressant. Après avoir lancé la voiture la moins chère du monde (la Nano, 2500 dollars), Tata a racheté à Ford les prestigieuses firmes britanniques Jaguar et Land Rover. Tout un symbole. Ce renversement de situation où l'ancien colonisé colonise le colonisateur ne manque pas de charme. L'idée que la petite Tata devienne la nouvelle voiture du peuple au Sud comme dans nos villes ne manque pas non plus d'intérêt. Cela prouve au moins une chose : pour rouler en voiture, on n'a pas besoin de deux tonnes d'acier et d'un moteur de péniche ; celui de la Nano a une cylindrée égale à 10 % de celle d'une automobile américaine classique. Vive le « downsizing ».

CHAPITRE 9

Le retour de Malthus et les nouveaux mythes de la décroissance

Le monde est malade. Malade de la finance, malade de l'économie. Les excès se paient cash en termes de gaspillages, de sacrifices, d'injustices flagrantes. La nature elle-même en pâtit, mise à contribution sans retenue par la croissance de la production et des échanges. La dégradation de l'environnement et la pollution se présentent ainsi comme l'ultime ignominie provoquée par l'homme et à laquelle l'homme doit faire face. Des révisions radicales doivent être mises en œuvre, mais dans ce domaine aussi on se heurte aux certitudes et aux faux-semblants, aux fausses solutions qui mènent parfois à une aggravation des problèmes.

Le gaspillage et le mythe de l'épuisement des ressources

Réfléchir aux problèmes du monde n'est pas aisé. Celui qui s'y essaie se trouve confronté à deux écueils, à deux idéologies : celle de l'optimisme productiviste béat et celle des projections catastrophistes. On est encore et toujours entre Charybde et Scylla. Les deux mâchoires du même piège.

Le gaspillage. – Nous sommes depuis plus d'un demi-siècle dans une société de gaspillage systématique. « La guerre a appris à chacun que le gaspillage était possible. [Elle] a révélé les promesses de la consommation à chacun et la vanité de l'abstinence à beaucoup », selon Keynes[118]. Peut-être sommes-nous en train d'épuiser la planète, mais s'il y a quelque chose qui ne risque pas de s'épuiser c'est bien la stupidité abyssale, insondable, des choix que nous opérons. Imagine-t-on ce qu'on pourrait faire en renonçant ne serait-ce qu'à une infime partie de ce gaspillage ? Le coût de la crise financière récente se chiffre en dizaines de milliers de milliards de dollars. Si on additionne les pertes liées aux errements de la finance depuis les années quatre-vingt, on atteint des sommes vertigineuses. De quoi nourrir tous les morts de faim de la planète, présents et à venir ; de quoi offrir une éducation digne d'une école privée suisse à tous les enfants sous-scolarisés du monde. Pendant la grande crise d'octobre 2008, les protestations timides de la FAO (Organisation pour l'alimentation et l'agriculture) n'ont guère été entendues. Les États avaient simplement « oublié » de fournir 90 % des 22 milliards d'aide alimentaire promis. Il fallait secourir les banques, c'était bien plus urgent.

118. John Maynard Keynes, *Traité de la monnaie*, Payot, 1990.

Les cyniques pourraient répondre que cet argent dilapidé par la finance c'est la finance qui l'a créé. Non, l'argent que les banques ont dilapidé n'était pas le leur, *c'est pour ça qu'elles ont fait faillite* !

Mais le gaspillage ne se limite pas à ces extrémités. Il est omniprésent. En 2005, la presse anglaise a fait ses gros titres sur les quelque 30 milliards d'euros de gaspillage de produits alimentaires[119]. Les exemples abondent. Des emballages hypertrophiés à la kyrielle de produits jetables, aux produits qui passent directement des chariots de supermarchés aux placards puis à la poubelle. Crise aidant, certains malins se sont mis à vendre (en France et en Angleterre) des produits alimentaires périmés, mais parfaitement consommables. Que deviennent ces produits normalement ? Gaspillage de ressources, de temps, d'énergie. Le gaspillage est non seulement toléré, il est devenu notre mode de vie. Il est le ressort de la logique implacable de cette économie keynésienne dont on a oublié la dimension solidaire mais pas son éloge de la consommation à outrance. C'est la morale de la « fable des abeilles » que Keynes aimait citer : « vice privé, vertu publique ». Si chacun se comporte de manière irresponsable, en consommant sans modération, la ruche (l'économie) se portera au mieux.

Le premier gaspillage est celui qui est inhérent à certaines formes de la production elle-même. Surtout quand elles se font sans contrôle. On connaît les dégâts de l'élevage industriel dans nos pays. Ailleurs c'est pire. Ainsi l'élevage

119. *Courrier international*, 18 avril 2005.

intensif de crevettes, en Asie, bouleverse l'écosystème et détruit la mangrove qui stabilise les côtes et les protège des assauts de la mer. La Cour suprême indienne a interdit l'élevage de la crevette à moins de 500 mètres des côtes parce que les dégâts écologiques sont plus importants que les profits tirés. Les organismes génétiquement modifiés (OGM) sont présentés comme une solution au problème de l'insuffisance de la production agricole dans les pays pauvres. On sait pourtant que les sociétés qui défendent le développement des OGM sont presque toutes spécialisées dans la production d'engrais et de pesticides. Or les plantes transgéniques sont avant tout des espèces fabriquées pour résister à des herbicides à large spectre, notamment le glyphosate (le fameux Roundup de Monsanto). L'utilisation de glyphosate implique le risque, devenu déjà réalité dans certains pays comme l'Argentine, de voir proliférer les mauvaises herbes qui lui sont résistantes, et que les espèces transgéniques elles-mêmes, comme le soja, deviennent des « mauvaises herbes ». Un piège dont on ne sort que par l'utilisation encore plus massive d'herbicides. Et encore plus de profits pour Monsanto.

Selon la définition de Lionel Robbins, l'objet de l'économie est « comment utiliser des ressources limitées ayant des *usages alternatifs* ». Il faudrait ne pas perdre de vue cette banalité. Le principe de précaution, tellement invoqué, doit s'appliquer aussi dans le domaine économique. Chaque acte économique devrait être immédiatement comparé à des actes alternatifs. Quitte à « s'oublier » de temps en temps dans un gaspillage plaisant. Et non le contraire.

En attendant, on produit et on consomme comme des brutes. Voilà la première mâchoire du piège.

La deuxième mâchoire du piège est moins visible puisqu'elle se cache derrière une idéologie qui est souvent acceptée comme une évidence.

L'épuisement des ressources. – Il y a, dans l'histoire de la pensée économique, des faux pas, des erreurs, des impasses. Une des plus célèbres est le mythe malthusien de l'incapacité de la terre à nourrir un nombre croissant d'hommes.

Des générations d'économistes se sont efforcées de montrer que l'idée de Malthus était fausse. L'histoire elle-même l'a abondamment prouvé. Or, régulièrement l'idée revient, têtue et obsédante. Hier c'était la « bombe démographique » du tiers-monde. Ensuite le cri d'alarme du « Club de Rome » sur la « croissance zéro ». Il faudrait une encyclopédie pour recueillir les fausses prévisions, les catastrophes annoncées, les descriptions apocalyptiques par anticipation. Dans les années soixante-dix, on a même mis à contribution, avec une assurance qui en rappelle d'autres, le changement climatique.

Dans *Newsweek*, on pouvait lire : « Plus grand sera le retard pris par les décideurs, plus il leur sera difficile de prendre les mesures nécessaires pour lutter contre ce changement climatique quand la dure réalité sera devant eux. »

Plus loin : « Le fait central est qu'après trois quarts de siècle de conditions extrêmement douces, le climat de la Terre semble se refroidir. Les météorologues ne sont pas d'accord sur la cause et la rapidité du refroidissement [...]

mais ils sont presque unanimes sur le fait que cette tendance va réduire la production agricole pour le reste du siècle [...] les famines qui en résulteraient pourraient être catastrophiques[120]. »

Loin de se tarir, cette manie de voir la Terre s'épuiser est toujours présente aujourd'hui. Elle prend la forme bien connue de « si on continue comme ça, en 2030 il faudrait deux planètes[121] », « si toute l'humanité consommait comme les États-Unis, il faudrait 6,8 planètes[122] ».

Ce que Malthus, dans son esprit de pasteur protestant étriqué, prenait pour une malédiction – la pression démographique – a été le moteur de toutes les grandes civilisations et des plus grands progrès de l'humanité. « Il ne faut jamais craindre qu'il y ait trop de sujets, trop de citoyens vu qu'il n'y a de richesse, ni de force que d'hommes[123] », disait Jean Bodin en 1576, au début de la modernité. Malthus a toujours tort. Hier comme aujourd'hui.

On sait que si des hommes souffrent de la faim (850 millions) et de carences nutritionnelles (2 milliards) ce n'est pas parce que la terre ne produit pas assez. La production de calories atteint déjà 300 kilos d'équivalent céréales par individu et par an, alors que les besoins n'excèdent pas les 200 kilos[124]. Ce qui pose problème c'est la répartition. Tant d'un point de vue quantitatif que qualitatif. Quantitativement, il existe

120. *Newsweek*, 28 avril 1975.

121. WWF, rapport « Planète vivante », 29 octobre 2008.

122. *Newsweek, ibidem.*

123. Jean Bodin, *De la République*, Fayard, 1986.

124. *Problèmes économiques*, n° 2917.

une disproportion entre le Nord et le Sud. Qualitativement, cette production est en très grande partie dirigée vers la consommation animale. C'est une alimentation trop riche en protéines animales qui est probablement la principale cause des problèmes alimentaires.

Pour un kilo de viande, il faut l'équivalent de 10 kilos de blé. Ainsi une grande partie des productions végétales et des ressources en eau est utilisée non pour nourrir les hommes mais les bêtes que les hommes vont manger. Toujours le même problème des *usages alternatifs.*

Il ne s'agit pas de prêcher le végétarisme. Ce qu'il faut comprendre c'est que la consommation de produits animaux dans les pays du Nord est plus que largement exagérée. Les protéines animales sont essentielles pour l'équilibre alimentaire, leur excès est néfaste. Dès lors, une baisse marginale de la consommation de viande suffirait à rendre le problème alimentaire beaucoup moins dramatique au Sud et la santé des gens, meilleure au Nord.

Amartya Sen a souligné à maintes reprises que « la prévention des famines met en jeu des mesures si faciles que la véritable énigme tient à ce qu'elles continuent à sévir[125] ». Et aussi : « Il est possible que de graves famines puissent se développer pour des raisons qui n'ont rien à voir du tout avec les productions agricoles[126]. »

Là est le problème. Au lieu de se mettre humblement à la tâche et de faire *ce qui doit être fait,* on se complaît dans la répétition d'incantations catastrophistes où l'irrépressible

125. Amartya Sen, *Un nouveau modèle économique,* Odile Jacob, 2000.
126. Amartya Sen, *Poverty and Famines,* Oxford University Press, USA, 1982.

cupidité de l'homme est toujours transformée en source d'apocalypse.

La décroissance. – Alors que les idées de Malthus devraient être enterrées depuis quelques siècles dans les poubelles de l'Histoire, voilà qu'une nouvelle mode malthusienne vient hanter le monde avec des élucubrations mises au goût du jour, à la sauce « scientifique » : la décroissance.

Au-delà de ses adeptes déclarés, elle pointe régulièrement le bout son nez derrière bon nombre de réflexions écologistes. La décroissance est un concept forgé par Nicholas Georgescu-Roegen dans les années soixante-dix. En partant de concepts de la thermodynamique, notamment le principe d'entropie (deuxième principe de la thermodynamique), Georgescu-Roegen et ses disciples soutiennent que, en simplifiant, le monde est un système fermé, clos, fini et qu'on ne peut pas en extraire indéfiniment les ressources pour alimenter une croissance perpétuelle.

En parcourant le livre fondateur, on tombe sur quelques considérations qui en disent long sur la qualité scientifique de l'ouvrage.

« Le processus économique global guidé par l'objectif d'une vie agréable, peut-on lire, conduit à transformer des ressources naturelles qui ont une valeur en déchets sans valeur[127]. »

On peut se demander quelle est la valeur d'une ressource naturelle avant que l'homme n'y ait touché. L'avenir de

127. Nicholas Georgescu-Roegen, *The Entropy Law and the Economic Process*, Harvard University Press, 1971.

l'humanité, et de la planète, aurait sans doute été meilleur si on n'avait pas touché au fer, au charbon ou au pétrole qui dormaient dans les entrailles de la terre.

« Chaque fois que nous produisons une Cadillac, écrit encore Georgescu-Roegen, nous le faisons au coût de la diminution des vies humaines dans le futur[128]. »

Voilà à quoi mène la science. Au mieux à de la mauvaise conscience et à ce programme improbable : produire moins dans l'hypothétique espoir que le « moins » se transforme comme par enchantement en « mieux ». Peut-être « une lubie de gosses de riches », comme dit Pierre-Antoine Delhommais[129].

L'écologie comme épouvantail

L'écologie est le produit d'une logique incontournable et salutaire. La prise de conscience des problèmes de l'environnement est le premier pas vers une réflexion incontournable sur l'avenir de l'homme et pas seulement de la planète. L'écologie est une des retombées positives de ces années soixante qui voulaient « changer la vie ».

Malheureusement, plus elle se développe plus elle se transforme en une sorte de réflexe de culpabilisation ou en une vague idéologie transpirant la gentillesse, la bonne volonté, l'altruisme, l'amour. L'amour des hommes, des enfants, des

128. *Idem.*
129. In *Le Monde*, 30 juillet 2006.

bêtes, de la nature. Une sorte de franciscanisme remixé « New Age ». Quelque chose de tout à fait insupportable.

En gagnant les médias, l'économie et les consciences, ce qu'on pourrait appeler l'« écologisme » réussit le tour de force, en partant des bonnes questions, de toujours donner de mauvaises réponses.

Il faut tout un travail fastidieux de mise au point, de clarification, car les glissements de sens, les dérobades sont nombreux et les renversements parfois dangereux. Car le système que les écologistes prétendent amender est fin dialecticien et habile dans les arts martiaux. Quand on veut transformer le capitalisme, c'est lui qui nous transforme. De ses faiblesses il fait une force, de ses catastrophes il tire sa renaissance. La transmutation des valeurs est sa spécialité. Complot ? Que nenni. La force du capitalisme c'est d'être le syndicat de tous les égoïsmes et de toutes les intelligences salariées associés.

L'écologie pourrait bien être et sera probablement, à son corps défendant, l'ultime planche de salut du système capitaliste. À voir comment elle s'est invitée dans le débat politique et économique et comment elle a été accueillie par les puissants du monde, le doute n'est guère permis : le système a bien reconnu en elle son *avenir.*

Le capitalisme ces derniers temps commençait à tourner à vide, à force de s'alimenter de ses propres abjections, il avait fini par devoir avouer à quel point il n'avait aucun sens. Le seul sens qu'il a réussi à donner à la vie de l'homme c'est de poursuivre un rêve non de richesse mais d'opulence, de surconsommation, d'indigestion.

C'était inévitable car le propre de l'économie a toujours été d'être un ensemble de *moyens*. Le capitalisme est porteur d'« un progrès technique aussi magnifique dans ses moyens qu'aveugle dans ses fins ». Le capitalisme c'est « le gigantisme des moyens dans le néant des fins[130] ».

Alors, l'économie parasite des finalités qui ne sont pas les siennes, et les endosse comme autant d'alibis : le progrès, la démocratie, le bonheur. Lorsque le mensonge devient patent, il doit s'en trouver d'autres. L'écologie vient lui proposer un nouveau défi. Sauver le monde. Excusez du peu.

De drôles de rencontres ont lieu. Le tintamarre écologiste sur l'épuisement des énergies fossiles a fait le lit de la spéculation sur le pétrole. Ainsi c'est par une singulière association des bonnes âmes et des gredins que l'on ruine le monde.

Les uns crient haro sur la société industrielle et sur l'inévitable fin des ressources (notamment Yves Cochet[131], qui annonçait si ce n'est la fin du pétrole du moins la fin du pétrole pas cher) ; les autres profitent de l'émoi et se jettent sur le pétrole, qui flambe.

La bonne ménagère encaisse les coups, sort ses billets et se serre la ceinture. Le « paysan » américain se lance illico dans les biocarburants, délaissant le blé dont la production décline, et le prix s'envole à son tour. Mettant en péril la vie de millions d'hommes.

130. André Piettre, *Les Trois Âges de l'économie*, Fayard, 1955.

131. Yves Cochet, *Pétrole apocalypse*, Fayard, 2005.

Saisissant résumé d'une folie à deux temps trois mouvements où les oies du Capitole cacardent, les gredins se remplissent les poches et les pauvres crèvent de faim.

Soyons clairs : que l'homme saccage la nature est une évidence. Changer de mode de vie est un impératif. Mais réduire le changement à un tri de poubelle ou à un achat garanti par un label est insuffisant.

Il faut remettre le problème sur ses pieds.

Le véritable problème n'est pas celui d'un « choix » entre croissance et décroissance. Avant de se poser de semblables questions, il faudrait s'arrêter un long moment et se demander *ce qu'est* la croissance, à quoi elle mène, à quoi elle sert : on a vu que sur un sujet aussi important, on ne sait rien, ou pas grand-chose.

John Stuart Mill disait que « le bien-être à venir des classes laborieuses dépendra surtout de leur culture intellectuelle[132] », il est probable, malheureusement, que le développement de l'écologisme se résume dans la multiplication de « signes extérieurs de bonne volonté écologique » (comme trier ses déchets ou rouler à bicyclette) qui n'aboutissent qu'à l'acquisition d'une bonne conscience ou d'une nouvelle gamme de produits.

132. John Stuart Mill, *Principes d'économie politique,* 1848.

La nature comme marché

Heureusement, l'écologie a fait des adeptes auprès des puissants de ce monde. Ces derniers temps, ils ont décidé de s'occuper d'*externalités.* On appelle ainsi les retombées d'une activité marchande ou productive sur l'environnement ou sur des « tiers ». Ces retombées peuvent être négatives ou positives. Dans une économie marchande, l'échange se produit entre un acheteur et un producteur. Le prix payé solde cet échange. Que chacun y gagne ou pas c'est son problème. L'impact de cet échange sur les autres ou sur la nature n'est pas pris en compte par l'économie telle qu'on la pratique. Ainsi l'usine qui verse ses déchets dans la mer ou le consommateur qui empeste l'air avec sa voiture diesel ne sont pas tenus d'en rendre compte. Pendant des siècles, nous avons suivi à la lettre cette analyse de Jean-Baptiste Say : « La nature nous ouvre un inépuisable trésor de matériaux et de forces qui, n'appartenant à personne, sont à la disposition de tous[133]. »

Tout le problème de la pollution vient de là.

Gérer les externalités est donc devenu un impératif. Les gouvernants ont compris qu'il fallait enfin les intégrer dans le calcul économique, dans le prix. Qu'il fallait les « internaliser ».

Avec le protocole de Kyoto, on est passé à l'acte. « On », ce sont bien entendu les 174 pays signataires du protocole, ce qui exclut les États-Unis, principal pollueur de la planète,

133. Jean-Baptiste Say, *Cours d'économie politique*, Flammarion, 1999.

qui s'est refusé de signer un accord qui faisait la part belle aux pays émergents, non soumis aux mêmes obligations que les autres, pour de simples raisons de décence.

La gestion des externalités selon les économistes ne peut se faire que de trois manières. Cecil Pigou, qui le premier s'est posé la question dans l'entre-deux-guerres, a imaginé de les faire « internaliser » par l'État, par le jeu des taxes et des subventions. Plus récemment les économistes libéraux, notamment Ronald Coase, ont suggéré la seule solution logique à leurs yeux : l'extension de la propriété privée. Selon eux, les « biens communs », hors de la propriété privée, sont destinés à une fin tragique (*tragedy of commons*) comme celle des bisons. Gérard Bramoullé a écrit cette phrase mémorable : « Pourquoi les bisons ont-ils disparu ? Parce qu'ils n'appartenaient à personne ! Les cow-boys n'ont jamais massacré leurs propres vaches[134]. »

À défaut de privatiser le ciel et la mer, le Canadien John Dales a suggéré l'idée, dans les années soixante, d'instaurer un système mêlant État et propriété privée. Le système des « droits à polluer ». L'État fixe des normes de pollution, les entreprises qui sont en dessous des normes peuvent vendre leurs « droits à polluer » à celles qui sont en dessus qui, autrement, devraient payer des pénalités. C'est ce système qui a été retenu par le protocole de Kyoto. Les entreprises seraient ainsi poussées à être plus vertueuses dans leur production pour ne pas être pénalisées par la hausse de leurs coûts. Elles peuvent également compenser en investissant

134. Gérard Bramoullé, in *Capital*, juin 1992.

dans des projets « propres » ; les États eux-mêmes peuvent simplement être récompensés pour ne pas, par exemple, se livrer à la déforestation.

En 2005, ce système est entré en vigueur et on a créé un « marché du CO_2 » où s'échangent ces fameux droits. Le prix de la tonne de CO_2 est fixé, comme il se doit, par le niveau de l'offre et de la demande. Un nouveau marché pour régler les problèmes du changement climatique. Soit.

Les premières années d'existence du marché n'ont pas été probantes. La tonne de carbone qui se négociait autour de 20 euros au départ a connu une dégringolade folle jusqu'à ne coûter plus que quelque 0,20 euro. Une chute comme à la vraie Bourse. Comment est-ce possible ? Le fait est que les États européens ont été quelque peu optimistes dans la distribution des droits ; leur profusion a été immédiatement sanctionnée par le marché. En 2008, l'Europe a rectifié le tir et réduit les quotas d'émissions polluantes. Les droits ont repris de la valeur. Ils sont désormais cotés, avec leur lot de produits dérivés, sur « BlueNext », « la Bourse mondiale de l'environnement » détenue par la Caisse des Dépôts et NYSE Euronext (la société née de la fusion en 2007 entre la Bourse de Paris et celle de New York). Un must. On peut dormir tranquille. Le monde est en de bonnes mains. Bien sûr les États-Unis n'ont pas encore rejoint le marché (même si certains États comme la Californie ont mis en œuvre des politiques environnementales ambitieuses), bien sûr seul le carbone est coté, seules les pollutions industrielles sont prises en compte (pas celles de l'agriculture, ni celles du transport, ni celles du tertiaire en général). Mais le signal est donné. L'écologie est devenue une affaire de marché. Que ce marché-là devienne une affaire, ce n'est probablement qu'une question de temps. La nature devient un bon placement : achat de terres vierges en Patagonie par nos milliardaires, achat ou location de terres cultivables par la Chine ou le Japon dans le tiers-monde ; spéculation sur les forêts équatoriales. La terre est en de bonnes mains.

La valse des « éthiquettes ». – À l'autre bout de la chaîne, la transformation de la nature en marché avance à grands pas. Dans un article de la *Harvard Business Review* consacré à la stratégie des marques mondiales, on peut lire ceci : « Notre étude a montré qu'une personne sur dix dans le monde n'achèterait pas de marque mondiale si elle en avait le choix[135]. »

Le lecteur distrait pourrait se dire : « C'est bien peu ! » À tort car, poursuit l'article, « cette proportion est extraordinairement élevée. Les antimondialistes représentent, selon nos calculs, un marché potentiel plus important que celui de l'Allemagne ou du Royaume-Uni[136]. »

Voilà le génie du capitalisme en œuvre. Là où un autre système (féodal ou communiste) sortirait la trique et la censure, le nôtre sort ses experts en marketing, ses spécialistes de la niche, ses hussards de la vente. Il a bien transformé les jeunes de 68, les Noirs, les femmes, les banlieusards, tous ceux qui à un moment ou à un autre ont eu l'idée de se révolter contre lui, en marchés rentables. Il a bien

135. *Harvard Business Review*, septembre 2004.
136. *Idem*.

transformé Che Guevara en tee-shirt. Alors, l'écologie et les altermondialistes...

La multiplication de produits « verts », « responsables » ou « bio » montre déjà que, comme cela s'est déjà produit dans d'autres domaines, la logique économique est prête à tout recycler dans la grande machine à faire des profits. Il est hors de la portée d'une intelligence moyenne, et donc de la nôtre, de trancher entre le produit réellement « différent » et celui qui se pare de la qualité « bio » pour de simples raisons marchandes. Les labels et autres certifications prolifèrent. On a l'impression qu'en très peu de temps tous les œufs sont pondus par des poules gambadant allègrement dans les basses-cours et que tous les veaux sont élevés sous la mère. Ce qui est sûr c'est que les étiquettes « bio » ont une singulière capacité à faire valser les prix. Le consommateur, d'habitude si méfiant, ne peut que baisser les bras lorsqu'un prix réellement plus élevé lui fait miroiter l'hypothèse d'être réellement en train d'acheter un produit de qualité.

Probablement le label « AB » (agriculture biologique) mis en place par l'État est au-dessus de tout soupçon. De même que le « Label rouge » qui fait obligation notamment d'élever les poules « au sol » et dont « la densité ne dépassera pas treize sujets au mètre carré ». Ça rassure ! Mais l'agriculture biologique ne concerne en France que 2 % des terres cultivées.

Des bizarreries de la réglementation peuvent faire réfléchir : un grand vin ne peut en aucun cas être bio (à cause du soufre utilisé), de même que tous les poissons sauvages (puisqu'on ne contrôle pas le cycle biologique), mais pas les poissons d'élevage ! Les farines animales ont été interdites, mais le plasma et l'hémoglobine (de porc) sont autorisés depuis 2006 dans l'alimentation des porcelets. Mais il paraît que les cochons sont naturellement cannibales. Dans ce contexte, il est quasiment impossible d'avoir un comportement rationnel ou responsable.

Même en étant très naïf, on comprend que si l'écologie se résume à ça, on est loin d'avoir réglé les problèmes de la planète.

Les vacances de monsieur Hulot. – Voici un homme dont le seul titre de gloire a été de présenter une émission de divertissement sur la chaîne d'intérêt privé TF1, et qui, après avoir joué pendant quelques années l'acrobate suspendu à un hélicoptère, s'est découvert une vocation de défenseur de la cause de la planète et des générations futures. Le voici, porté par une popularité toute télévisuelle, jouer le rôle d'arbitre pendant une campagne présidentielle, lançant des ultimatums aux différents candidats. Que l'homme soit animé des meilleures intentions est hors de doute. Mais on ne peut qu'être mal à l'aise lorsqu'on l'entend proclamer sobrement : « Nous rentrons dans une phase décisive où se joue l'avenir. Nous voici au cap Horn de la civilisation : sombrer ou découvrir de nouveaux horizons chargés de promesses merveilleuses[137]. »

Les « promesses merveilleuses » sont sans doute celles qui sont en vente sur le site Ushuaïa de TF1 où la petite entreprise propose son shopping tous azimuts : agendas,

137. Nicolas Hulot, in *Marianne*, n° 604, 15 novembre 2008.

montres, vestes polaires, sans oublier la gamme « natural glam » faite de parfums, produits de beauté, dont les ingrédients viennent des quatre coins de la planète (probablement à la nage) et dont l'aspect « bio » ne saurait faire de doute. Sur le même site, on peut, d'un simple clic, et sur un fond sonore de gazouillis d'oiseaux, « planter un arbre » et peut-être « gagner un voyage au bout du monde » (à pied ?).

L'abondance frugale ? – La charte « consommation et style de vie » proposée au forum des ONG, à l'occasion de la conférence des Nations unies sur l'environnement et le développement de 1992, préconisait la prise en compte des six « r » (réévaluer, restructurer, redistribuer, réduire, réutiliser, recycler). Un programme vaste qui s'approche du concept d'« abondance frugale » de Jean-Baptiste de Foucauld, qui « doit être disciplinée, maîtrisée, humanisée, faute de quoi c'est une abondance fallacieuse qui se trahit elle-même ».

« Là où il y a de la richesse, il y a un risque permanent d'excès, de trop-plein, de déviation [...] il faut compenser ce risque par de la mesure, par de la sobriété, par l'autolimitation, par de la redistribution et du don, qu'il soit public et obligé, ou privé et libre[138]. »

On peut prendre ces conseils comme un point de départ. Mais il faut comprendre que les solutions aux problèmes de la planète demandent des ruptures non seulement au niveau des comportements individuels, mais aussi au niveau

138. Jean-Baptiste de Foucauld, *Les Trois Cultures du développement humain*, Odile Jacob, 2002.

de la politique des États, des lois internationales et de la philosophie même de l'action économique.

Tout ramener à un problème d'énergie ou d'épuisement des ressources n'est pas suffisant.

Le pétrole a été pendant un siècle notre source d'énergie à bas coût. La myopie n'a pas consisté à ne pas voir venir la fin, qu'on a anticipée et habillée en catastrophe sur les meilleurs tons millénaristes. La catastrophe, c'est maintenant. La myopie, c'est celle des compagnies pétrolières, des pays producteurs, de tous les États, qui ont utilisé le pétrole (et l'idée de son épuisement ensuite) pour augmenter leurs profits, leur potentiel militaire ou leurs revenus fiscaux. Que sont devenus les milliards issus du pétrole ? Combien ont pris la voie de la recherche de nouvelles énergies ? Le véritable choix économique est celui qui porte non sur l'épuisement ou pas des ressources mais bien sur l'utilisation de celles-ci. Si grâce à l'argent du pétrole on avait mis au point des méthodes viables de production d'hydrogène ou d'énergie solaire, son épuisement serait le bienvenu. Qu'a-t-on fait de cet argent ? On l'a essentiellement gaspillé en voitures trop lourdes mues par des moteurs trop gourmands. En transports transcontinentaux de produits à la qualité déficiente et à brève durée de vie. On l'a transformé en folie immobilière comme dans les pays du Golfe, en hôtels de luxe et en pistes de ski en plein désert.

On a trop tendance à dire que les fautifs ce sont toujours les pauvres. « Vous vous rendez compte ? si la Chine et l'Inde atteignaient le niveau de développement américain, il faudrait 10 planètes !... » « Si tous les Indiens savaient lire, il n'y aurait plus un seul arbre en Inde... »

Voilà le genre de stupidités auxquelles conduit la vulgarisation écologiste. La vraie question est : pourquoi les Chinois devraient vivre comme les Américains ? L'Amérique est une aberration née de l'abondance pétrolière et d'une domination sans partage. Ce n'est pas la règle, c'est une exception. L'Europe, qui ne fait pas encore partie du tiers-monde, pourrait suffire comme exemple. Un Européen a besoin pour vivre de 4,5 hectares de terre. Un Américain de 9,6.

La crise que nous traversons est une crise polymorphe. On en a souligné les aspects sociaux, idéologiques, environnementaux. On peut aussi l'analyser, comme le suggère l'économiste britannique Christopher Freeman, en tant qu'« impasse technologique ». Des sources d'énergie inépuisables existent : l'hydrogène, le soleil, le vent. Les techniques aussi. L'enjeu c'est de les rendre économiquement viables. Toute la tâche des entrepreneurs (s'il en reste) est là. Ce n'est pas facile et probablement rien ne pourra être comme avant. Qu'importe. On peut très bien traverser les océans à la voile : le tout c'est d'en accepter l'idée, et de ne pas être pressé. Et puis New York en trois heures : à quoi bon ? *Slow is beautiful.*

En attendant, dans un monde où refondre une bouteille coûte moins cher que de la laver, où il est plus rentable de spéculer sur le pétrole que d'investir sur son remplacement, il y a des calculs à refaire.

Alors, jeter l'économie avec l'eau du bain ? Non. Avec l'économie au cœur de l'impératif de toujours : non pas gagner plus en faisant n'importe quoi, mais faire plus et mieux en utilisant moins de ressources : mille fois oui.

Conclusion

« Dans la crise actuelle, le gouvernement n'est pas la solution à notre problème, le gouvernement est le problème. »

C'est avec cette fière devise que Ronald Reagan s'est fait élire président des États-Unis en 1980. C'est sous cette bannière que, depuis, la pensée libérale s'est triomphalement emparée du monde.

La crise, qui à l'automne 2008 a fait vaciller l'économie mondiale, a montré à quel point nous avons vécu dans une sorte de tour de prestidigitation où vessies et lanternes avaient été maladroitement interverties par une cohorte compacte d'économistes, d'hommes politiques et de vulgarisateurs sans talent.

La crise dans laquelle le monde vient de pénétrer brutalement est de celles qui, par leur gravité et leur impact, appellent de sérieuses remises en cause. La rapidité avec laquelle les gouvernements réunis ont volé au secours des banques est autant révélatrice de la gravité de la situation que du mensonge éhonté qui a servi de fond idéologique à tout gouvernant depuis le début des années quatre-vingt.

Du gouvernement « problème » au gouvernement « solution miracle », voilà une drôle de révolution instantanée. Le plus étonnant c'est que personne ne s'en soit étonné.

Mais qu'on prenne garde : chaque nouveau mensonge est l'aveu du mensonge précédent et les menteurs en sont venus, dans l'urgence, à perdre la seule qualité qu'un menteur devrait avoir : la mémoire. Le lecteur devrait, lui, ne pas perdre la sienne dans les temps qui viennent car elle sera soumise à dure épreuve.

La crise est le résultat d'une idéologie, celle du soi-disant « libre marché », de l'effacement du bien commun et de l'égoïsme érigé en règle de conduite. Cette fois-ci il n'y a pas d'alibi. Pas de choc pétrolier, pas de péril jaune qui tienne.

Le problème, maintenant, c'est de tirer les leçons d'une telle catastrophe.

Bien sûr, il faut réglementer les marchés financiers, revoir le mode de fonctionnement des produits dérivés, éliminer les plus délirants, établir des garde-fous. Mais jusqu'où osera-t-on aller ?

Bien sûr, il faut refonder la gouvernance mondiale mais peut-on, enfin, soumettre les États-Unis à la règle commune ? Ceux qui demandent un nouveau Bretton Woods devraient réfléchir au sens des mots. Lors d'une émission télévisée, Arlette Chabot a « collé » ses invités en leur demandant qui représentait la France à cette conférence. Ils ne le savaient pas. Et à juste titre puisque Mendès France et les autres quarante invités ont joué au mieux le rôle de figurants. Sans oublier l'absence des ennemis (on est encore en guerre…) et la présence symbolique de l'URSS qui va rapidement dénoncer les institutions de Bretton Woods comme « filiales de Wall Street ». Bretton Woods est un exemple, mais sûrement pas de ce qui doit être fait à l'avenir.

Ce n'est pas un nouveau Bretton Woods qu'il faut mais un bon manuel d'histoire. Et un bon dictionnaire : allez faire comprendre à un Américain le sens des mots « refonder le capitalisme ».

La Banque mondiale, le FMI n'ont plus de sens. Notamment à cause du droit de veto dont les États-Unis disposent. Tout comme, à un autre niveau, le Conseil de sécurité de l'ONU. Il est facile de parler de changement, il est plus difficile d'en produire. Un exemple entre tous : les paradis fiscaux. Sait-on seulement que leur immense majorité se situe dans des territoires appartenant aux États-Unis, au Royaume-Uni ou aux Pays-Bas ? Pour les faire rentrer dans le rang, il suffirait de le… vouloir.

Les échanges internationaux doivent être refondés. Notamment par l'établissement de règles claires s'imposant à tous. Plus facile à dire qu'à faire. La multiplication des échanges est le résultat du flou ou du vide juridique dans lequel ils s'exercent. Les réglementer c'est tuer la poule aux œufs d'or.

Hillary Clinton a dit « les États-Unis ne feront rien sans les autres, mais rien ne se fera sans les États-Unis ». Parfait. On est en plein dans le problème. D'ailleurs, les gouvernants et les décideurs du monde entier qui ont attendu avec impatience l'accession au pouvoir d'Obama ont avoué implicitement que la solution ne peut venir que de lui. Est-il exclu que quelque chose puisse se faire sans les États-Unis, voire contre eux ?

Il faut repenser notre mode de vie et de consommation. Parfait. Qui commence ? Les prix seraient un bon allié mais, on l'a vu, ils sont devenus totalement illisibles et leur prétention à indiquer la bonne « gestion des ressources rares » apparaît comme une imposture. Un bon prix, celui que saint Thomas d'Aquin appelait « le juste prix », ne peut être fondé que sur l'éthique et les règlements. À défaut d'éthique, il faut que la loi agisse. Mais le pouvoir est faible. Jean-Louis Borloo n'a même pas été capable d'imposer la taxation des produits jetables, cette calamité. De là à ce qu'on ait un prix du pétrole ou du blé « juste », beaucoup d'eau (en bouteilles jetables) aura coulé sous les ponts.

Le problème est là ; l'inévitable malentendu est que notre économie qui se veut « de marché » est tout sauf une économie où le marché fonctionne. Il sert tout au plus de paravent aux pires abus. Il est le plus souvent une caricature de ce qu'il devrait être.

Le marché qui se rapproche le plus des conditions idéales imaginées par les théoriciens libéraux est… le marché financier. Des générations d'économistes ont vanté ses qualités d'efficience et de rationalité. On a vu ce qu'il en est. Alors au lieu de penser à « refonder le capitalisme », il faudrait songer à *construire le marché*. Le marché de l'échange équitable « la main dans la main, les yeux dans les yeux ».

Nous avons dit que dans la « double pensée » dominante, la « réforme » était synonyme de « retour en arrière ». Lorsque les libéraux se sont attaqués à l'État providence c'était au nom de la « révolution conservatrice », c'est-à-dire au nom d'un système de valeurs et de dogmes que Keynes avait déjà critiqués ; le monde d'avant 1929.

Il ne faudrait pas aujourd'hui commettre la même erreur. Changer le monde ne signifie pas revenir à ce que le monde était avant 1980 ou avant 1973. C'est un réflexe qu'on peut avoir, et nombreux sont ceux qui y cèdent, mais c'est un mauvais réflexe. Bon nombre de nos malheurs actuels sont le produit de cette période. Notre mode de consommation notamment.

La solution n'est jamais dans un retour au passé. C'est une des leçons qu'on doit tirer de l'échec de la « révolution conservatrice ». On ne fera jamais que du réchauffé avec les recettes du passé.

La crise nous met face à des problèmes profonds et complexes. Pour trouver des solutions il faut du talent.

Il faut du talent à la ménagère pour continuer à faire ses courses avec son maigre budget sans que sa vie ne devienne une vie « hard discount ».

Il faut du talent aux entrepreneurs pour qu'au lieu de trafiquer les produits pour en baisser les prix, ils mettent au point des biens de qualité, durables et économes.

Il faut du talent aux banquiers pour que le talent des entrepreneurs, « monté sur des dettes, galope vers le succès[139] ».

Il faut du talent aux économistes pour se sortir de l'inextricable fouillis d'incompétence dans lequel ils se sont égarés ces derniers temps. Il faut qu'ils se mettent au travail sur des pistes qui ont déjà été ouvertes : l'intégration dans

139. Joseph Schumpeter, *Théorie de l'évolution économique*, Dalloz, 1983.

l'économique du qualitatif, les critères de bon fonctionnement des échanges, tant au niveau national qu'international. Qu'ils oublient la « main invisible » et qu'ils songent davantage à la main de la loi. La loi, c'est l'affaire des politiques à qui il faudra sans doute plus de talent qu'aux autres. En 1260, Étienne Boileau écrivait qu'il fallait « châtier ceux qui par convoitise de vilain gain ou par non-sens le demandent et le prennent contre Dieu, contre droit et contre raison[140] ».

Oublions Dieu, à qui il vaut mieux ne pas trop s'adresser en ce moment, mais le Droit et la Raison figurent en bonne place sur les frontons de nos institutions. La tâche des hommes politiques (et des électeurs) est de mettre un terme au « non-sens » du « vilain gain ».

André Piettre a montré comment, dans l'Histoire, l'économie est née comme domaine subordonné[141]. Subordonné à la religion, à la philosophie, à la politique. Son développement l'a toujours menée à s'émanciper et à imposer sa volonté, et sa logique, à la société. Au cours des dernières décennies, cette émancipation a dépassé tout ce qui est humainement supportable. Il s'agit de remettre la finance et l'économie à leur place. Sous tutelle.

---

140. Étienne Boileau, *Le Livre des métiers*, 1837.
141. André Piettre, *Les Trois Âges de l'économie*, *op. cit.*

Table

Impression réalisée par

CPI
Brodard & Taupin

La Flèche
en mars 2009
pour le compte
des Éditions Générales F1RST

Dépôt légal : mars 2009
N° d'impression : 51487
Imprimé en France